大方廣佛華嚴經 讀誦

9

🌸 일러두기

1. 『독송본 한문·한글역 대방광불화엄경』은 실차난타가 한역(695~699)한 80권 『대방광불화엄경』의 한문 원문과 한글역을 함께 수록한 것이다. 한문에는 음사와 현토를 부기하였다.

2. 원문의 저본은 고종 2년(1865) 월정사에서 인경한 고려대장경 『대방광불화엄경』에 한암 스님이 현토(1949년)한 것을 범룡 스님이 영인 출판(1990년)한 『대방광불화엄경』이다.

3. 한문은 저본에서 누락되었거나 글자가 다르다고 판단된 부분은 저본인 고려대장경 각권의 말미에 교감되어 있는 내용을 중심으로 하고 봉은사판 『대방광불화엄경수소연의초』와 신수대장경 각주에서 밝힌 교감본을 참조하여 보입하고 수정하였다.

4. 한글 번역은 동국역경원에서 발간한 한글 『대방광불화엄경』(운허)을 중심으로 하고 『신화엄경합론』(탄허)과 『대방광불화엄경 강설』(여천무비) 그리고 최근의 여타 번역본 등을 참조하였다.

5. 저본의 원문에서 이체자의 경우 훈글이 제공하는 이체자는 그대로 살리고 훈글이 제공하지 않는 글자는 통용되는 정자로 바꾸었다. 예) 間→閒 / 焰→燄 / 宮→宫 / 偁→稱

6. 한글 번역은 독송과 사경을 위하여 정확성과 아울러 가독성을 고려하였다. 극존칭은 부처님과 불경계에 대해서만 사용하였다.

7. 독송본의 차례는 일러두기 → 본문 → 화엄경 목차 → 간행사의 순차이다.
   (법공양판에는 간행사 다음에 간행불사 동참자를 밝혀 두었다.)

8. 독송본의 한글역은 사경의 편의를 도모하기 위해 그 편집을 달리하여 『사경본 한글역 대방광불화엄경』으로 함께 간행한다. 독송본과 사경본 모두 80권 『대방광불화엄경』의 권별 목차 순으로 간행한다.

독송본 한문·한글역

대방광불화엄경 제9권
大方廣佛華嚴經 卷第九

5. 화장세계품 [2]
華藏世界品 第五之二

실차난타 한역
수미해주 한글역

❾

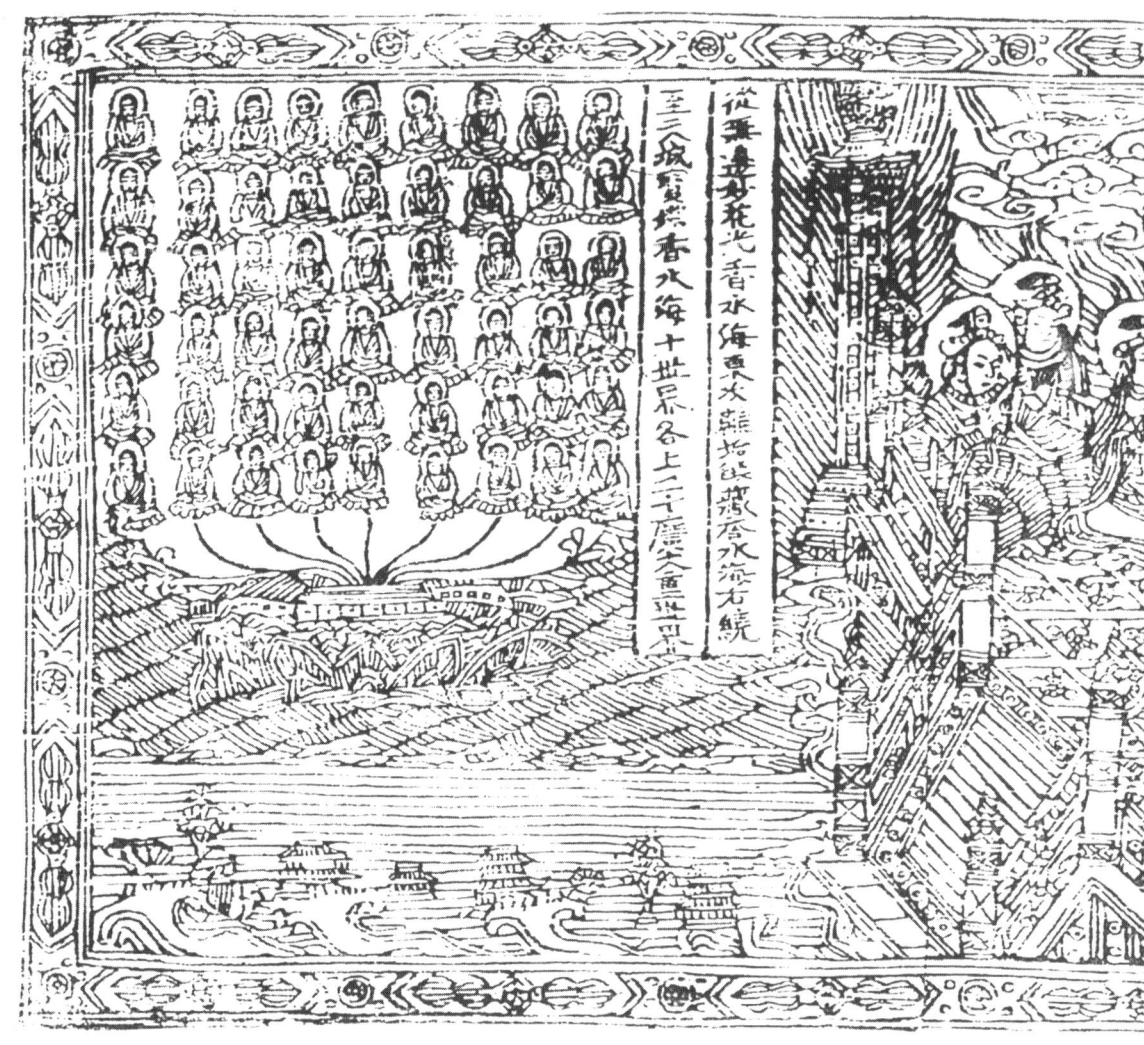

대방광불화엄경 제9권 변상도

대방광불화엄경
제9권

5. 화장세계품 [2]

대방광불화엄경 권제구
大方廣佛華嚴經 卷第九

화장세계품 제오지이
華藏世界品 第五之二

이시 보현보살 부고대중언
爾時에 **普賢菩薩**이 **復告大衆言**하시니라

제불자 차무변묘화광향수해동 차유향
諸佛子야 **此無邊妙華光香水海東**에 **次有香**

수해 명이구염장 출대연화 명일제
水海하니 **名離垢燄藏**이며 **出大蓮華**하니 **名一切**

대방광불화엄경 제9권

5. 화장세계품 [2]

그 때에 보현보살이 또 대중들에게 말씀하였다.

"모든 불자들이여, 이 무변묘화광 향수해의 동쪽에 다음 향수해가 있으니 이름이 이구염장이다.

큰 연꽃이 피어났으니 이름이 일체향마니왕

향마니왕묘장엄　　　유세계종　　이주기상
香摩尼王妙莊嚴이요 有世界種이 而住其上하니

명변조찰선　　　이보살행후음　　위체
名徧照刹旋이라 以菩薩行吼音으로 爲體하니라

차중최하방　　유세계　　명궁전장엄당　　　기
此中最下方에 有世界하니 名宮殿莊嚴幢이라 其

형　사방　　의일체보장엄해주　　연화광
形이 四方이며 依一切寶莊嚴海住하야 蓮華光

망운　　미부기상
網雲으로 彌覆其上하니라

불찰미진수세계　　위요　　순일청정　　불
佛刹微塵數世界가 圍遶하야 純一淸淨하니 佛

호　미간광변조
号는 眉間光徧照시니라

묘장엄이며, 세계종이 있어서 그 위에 머무르니 이름은 변조찰선이며, 보살행의 사자후 음성으로 체성이 되었다.

이 가운데 가장 아래쪽에 세계가 있으니 이름이 궁전장엄당이다. 그 형상은 네모이고, 일체 보배 장엄바다를 의지하여 머무르며, 연꽃광명 그물구름이 그 위를 가득 덮었다.

부처님 세계 미진수의 세계가 둘러싸서 순일하게 청정하며, 부처님 명호는 미간광변조이시다.

此上에 過佛刹微塵數世界하야 有世界하니 名德

華藏이라 其形이 周圓이며 依一切寶華蘂海住하야

眞珠幢師子座雲으로 彌覆其上하니라

二佛刹微塵數世界가 圍遶하니 佛号는 一切無

邊法海慧시니라

此上에 過佛刹微塵數世界하야 有世界하니 名善

變化妙香輪이라 形如金剛이며 依一切寶莊嚴

이 위에 부처님 세계 미진수의 세계를 지나서 세계가 있으니 이름이 덕화장이다. 그 형상은 두루 둥글고, 일체 보배 꽃술바다를 의지하여 머무르며, 진주 깃대 사자좌구름이 그 위를 가득 덮었다.

두 부처님 세계 미진수의 세계가 둘러쌌으며, 부처님 명호는 일체무변법해혜이시다.

이 위에 부처님 세계 미진수의 세계를 지나서 세계가 있으니 이름이 선변화묘향륜이다. 형상은 금강과 같고, 일체 보배로 장엄한 방울 그물바다를 의지하여 머무르며, 갖가지

령망해주　　　종종장엄원광운　　　미부기상
鈴網海住하야 種種莊嚴圓光雲으로 彌覆其上하니라

삼불찰미진수세계　　　위요　　　불호　　공덕상
三佛刹微塵數世界가 圍遶하니 佛号는 功德相

광명보조
光明普照시니라

차상　　과불찰미진수세계　　　유세계　　　명묘
此上에 過佛刹微塵數世界하야 有世界하니 名妙

색광명　　　기상　　유여마니보륜　　　의무변
色光明이라 其狀이 猶如摩尼寶輪이며 依無邊

색보향수해주　　　보광명진주누각운　　　미
色寶香水海住하야 普光明眞珠樓閣雲으로 彌

부기상
覆其上하니라

로 장엄한 둥근 광명구름이 그 위를 가득 덮었다.

세 부처님 세계 미진수의 세계가 둘러쌌으며, 부처님 명호는 공덕상광명보조이시다.

이 위에 부처님 세계 미진수의 세계를 지나서 세계가 있으니 이름이 묘색광명이다. 그 형상은 마치 마니보배 바퀴와 같고, 가없는 색의 보배 향수바다를 의지하여 머무르며, 넓은 광명 진주 누각구름이 그 위를 가득 덮었다.

네 부처님 세계 미진수의 세계가 둘러싸서

사불찰미진수세계 위요 순일청정
四佛刹微塵數世界가 圍遶하야 純一淸淨하니

불호 선권속출흥변조
佛号는 善眷屬出興徧照시니라

차상 과불찰미진수세계 유세계 명선
此上에 過佛刹微塵數世界하야 有世界하니 名善

개부 상여연화 의금강향수해주 이진
蓋覆라 狀如蓮華며 依金剛香水海住하야 離塵

광명향수운 미부기상
光明香水雲으로 彌覆其上하니라

오불찰미진수세계 위요 불호 법희무
五佛刹微塵數世界가 圍遶하니 佛号는 法喜無

진혜
盡慧시니라

순일하게 청정하며, 부처님 명호는 선권속출흥변조이시다.

이 위에 부처님 세계 미진수의 세계를 지나서 세계가 있으니 이름이 선개부이다. 형상은 연꽃과 같고, 금강 향수바다를 의지하여 머무르며, 티끌을 여읜 광명 향수구름이 그 위를 가득 덮었다.

다섯 부처님 세계 미진수의 세계가 둘러쌌으며, 부처님 명호는 법희무진혜이시다.

차상 과불찰미진수세계 유세계 명시
此上에 過佛刹微塵數世界하야 有世界하니 名尸

리화광륜 기형 삼각 의일체견고보장
利華光輪이라 其形이 三角이며 依一切堅固寶莊

엄해주 보살마니관광명운 미부기상
嚴海住하야 菩薩摩尼冠光明雲으로 彌覆其上하니라

육불찰미진수세계 위요 불호 청정보
六佛刹微塵數世界가 圍遶하니 佛号는 淸淨普

광명
光明이시니라

차상 과불찰미진수세계 유세계 명보
此上에 過佛刹微塵數世界하야 有世界하니 名寶

린화장엄 형여반월 의일체연화장엄
蓮華莊嚴이라 形如半月이며 依一切蓮華莊嚴

이 위에 부처님 세계 미진수의 세계를 지나서 세계가 있으니 이름이 시리화광륜이다. 그 형상은 세모이고, 일체 견고한 보배로 장엄한 바다를 의지하여 머무르며, 보살의 마니관 광명구름이 그 위를 가득 덮었다.

　여섯 부처님 세계 미진수의 세계가 둘러쌌으며, 부처님 명호는 청정보광명이시다.

　이 위에 부처님 세계 미진수의 세계를 지나서 세계가 있으니 이름이 보련화장엄이다. 형상은 반달과 같고, 일체 연꽃으로 장엄한 바다를 의지하여 머무르며, 일체 보배 꽃구름이

해주 일체보화운 미부기상
海住하야 一切寶華雲으로 彌覆其上하니라

칠불찰미진수세계 위요 순일청정 불
七佛刹微塵數世界가 圍遶하야 純一淸淨하니 佛

호 공덕화청정안
號는 功德華淸淨眼이시니라

차상 과불찰미진수세계 유세계 명무
此上에 過佛刹微塵數世界하야 有世界하니 名無

구염장엄 기상 유여보등항렬 의보
垢燄莊嚴이라 其狀이 猶如寶燈行列이며 依寶

염장해주 상우향수종종신운 미부기
燄藏海住하야 常雨香水種種身雲으로 彌覆其

상
上하니라

그 위를 가득 덮었다.

　일곱 부처님 세계 미진수의 세계가 둘러싸서 순일하게 청정하며, 부처님 명호는 공덕화청정안이시다.

　이 위에 부처님 세계 미진수의 세계를 지나서 세계가 있으니 이름이 무구염장엄이다. 그 형상은 마치 보배등이 늘어선 것과 같고, 보배 불꽃 창고바다를 의지하여 머무르며, 향수를 항상 비 내리는 갖가지 몸구름이 그 위를 가득 덮었다.

팔불찰미진수세계　　위요　　불호　　혜력무
八佛刹微塵數世界가 圍遶하니 佛号는 慧力無

능승
能勝이시니라

차상　　과불찰미진수세계　　유세계　　명묘
此上에 過佛刹微塵數世界하야 有世界하니 名妙

범음　　형여만자　　의보의당해주　　일체
梵音이라 形如卐字며 依寶衣幢海住하야 一切

화장엄장운　　미부기상
華莊嚴帳雲으로 彌覆其上하니라

구불찰미진수세계　　위요　　불호　　광대목
九佛刹微塵數世界가 圍遶하니 佛号는 廣大目

여공중정월
如空中淨月이시니라

여덟 부처님 세계 미진수의 세계가 둘러쌌으며, 부처님 명호는 혜력무능승이시다.

이 위에 부처님 세계 미진수의 세계를 지나서 세계가 있으니 이름이 묘범음이다. 형상은 만(卍) 자와 같고, 보배 옷 깃대바다를 의지하여 머무르며, 일체 꽃으로 장엄한 휘장구름이 그 위를 가득 덮었다.

아홉 부처님 세계 미진수의 세계가 둘러쌌으며, 부처님 명호는 광대목여공중정월이시다.

此上에 過佛刹微塵數世界하야 有世界하니 名微塵

數音聲이라 其狀이 猶如因陀羅網이며 依一切

寶水海住하야 一切樂音寶蓋雲으로 彌覆其上하니라

十佛刹微塵數世界가 圍遶하야 純一淸淨하니 佛

号는 金色須彌燈이시니라

此上에 過佛刹微塵數世界하야 有世界하니 名寶

色莊嚴이라 形如卍字며 依帝釋形寶王海住하야

이 위에 부처님 세계 미진수의 세계를 지나서 세계가 있으니 이름이 미진수음성이다. 그 형상은 마치 인다라 그물과 같고, 일체 보배 물바다를 의지하여 머무르며, 일체 음악 보배 일산구름이 그 위를 가득 덮었다.

열 부처님 세계 미진수의 세계가 둘러싸서 순일하게 청정하며, 부처님 명호는 금색수미등 이시다.

이 위에 부처님 세계 미진수의 세계를 지나서 세계가 있으니 이름이 보색장엄이다. 형상은 만(卍) 자와 같고, 제석 형상의 보배왕바다

일광명화운 미부기상
日光明華雲으로 **彌覆其上**하니라

십일불찰미진수세계 위요 불호 형조
十一佛刹微塵數世界가 **圍遶**하니 **佛号**는 **迴照**

법계광명지
法界光明智시니라

차상 과불찰미진수세계 유세계 명금
此上에 **過佛刹微塵數世界**하야 **有世界**하니 **名金**

색묘광 기상 유여광대성곽 의일체
色妙光이라 **其狀**이 **猶如廣大城郭**이며 **依一切**

보장엄해주 도량보화운 미부기상
寶莊嚴海住하야 **道場寶華雲**으로 **彌覆其上**하니라

십이불찰미진수세계 위요 불호 보등
十二佛刹微塵數世界가 **圍遶**하니 **佛号**는 **寶燈**

를 의지하여 머무르며, 햇빛광명 꽃구름이 그 위를 가득 덮었다.

열한 부처님 세계 미진수의 세계가 둘러 쌌으며, 부처님 명호는 형조법계광명지이시다.

이 위에 부처님 세계 미진수의 세계를 지나서 세계가 있으니 이름이 금색묘광이다. 그 형상은 마치 광대한 성곽과 같고, 일체 보배로 장엄한 바다를 의지하여 머무르며, 도량 보배 꽃구름이 그 위를 가득 덮었다.

열두 부처님 세계 미진수의 세계가 둘러쌌으

보조당
普照幢이시니라

차상 과불찰미진수세계 유세계 명변
此上에 **過佛刹微塵數世界**하야 **有世界**하니 **名徧**

조광명륜 상여화선 의보의선해주
照光明輪이라 **狀如華旋**이며 **依寶衣旋海住**하야

불음성보왕누각운 미부기상
佛音聲寶王樓閣雲으로 **彌覆其上**하니라

십삼불찰미진수세계 위요 순일청정
十三佛刹微塵數世界가 **圍遶**하야 **純一淸淨**하니

불호 연화염변조
佛号는 **蓮華燄徧照**시니라

차상 과불찰미진수세계 유세계 명보
此上에 **過佛刹微塵數世界**하야 **有世界**하니 **名寶**

며, 부처님 명호는 보등보조당이시다.

　이 위에 부처님 세계 미진수의 세계를 지나서 세계가 있으니 이름이 변조광명륜이다. 형상은 꽃을 둘러놓은 것 같고, 보배 옷을 둘러놓은 바다를 의지하여 머무르며, 부처님 음성 보배왕 누각구름이 그 위를 가득 덮었다.

　열세 부처님 세계 미진수의 세계가 둘러싸서 순일하게 청정하며, 부처님 명호는 연화염변조이시다.

　이 위에 부처님 세계 미진수의 세계를 지나

장장엄　　　　상여사주　　　의보영락수미주
藏莊嚴이라 **狀如四洲**며 **依寶瓔珞須彌住**하야

보염마니운　　　미부기상
寶燄摩尼雲으로 **彌覆其上**하니라

십사불찰미진수세계　　　위요　　　불호　　무진
十四佛刹微塵數世界가 **圍遶**하니 **佛号**는 **無盡**

복개부화
福開敷華시니라

차상　　과불찰미진수세계　　　유세계　　　명여
此上에 **過佛刹微塵數世界**하야 **有世界**하니 **名如**

경상보현　　　기상　　유여아수라신　　　의금
鏡像普現이라 **其狀**이 **猶如阿脩羅身**이며 **依金**

상연화해주　　보관광영운　　미부기상
剛蓮華海住하야 **寶冠光影雲**으로 **彌覆其上**하니라

서 세계가 있으니 이름이 보장장엄이다. 형상은 사주세계와 같고, 보배 영락 수미산을 의지하여 머무르며, 보배 불꽃 마니구름이 그 위를 가득 덮었다.

　열네 부처님 세계 미진수의 세계가 둘러쌌으며, 부처님 명호는 무진복개부화이시다.

　이 위에 부처님 세계 미진수의 세계를 지나서 세계가 있으니 이름이 여경상보현이다. 그 형상은 마치 아수라 몸과 같고, 금강 연꽃바다를 의지하여 머무르며, 보배관 그림자구름이 그 위를 가득 덮었다.

십오불찰미진수세계   위요   불호   감로
十五佛刹微塵數世界가 **圍遶**하니 **佛号**는 **甘露**

음
音이시니라

차상   과불찰미진수세계   유세계   명전
此上에 **過佛刹微塵數世界**하야 **有世界**하니 **名栴**

단월   기형   팔우   의금강전단보해주
檀月이라 **其形**이 **八隅**며 **依金剛栴檀寶海住**하야

진주화마니운   미부기상
眞珠華摩尼雲으로 **彌覆其上**하니라

십육불찰미진수세계   위요   순일청정
十六佛刹微塵數世界가 **圍遶**하야 **純一淸淨**하니

불호   최승법무등지
佛号는 **最勝法無等智**시니라

열다섯 부처님 세계 미진수의 세계가 둘러쌌으며, 부처님 명호는 감로음이시다.

이 위에 부처님 세계 미진수의 세계를 지나서 세계가 있으니 이름이 전단월이다. 그 형상은 팔모이고, 금강 전단 보배바다를 의지하여 머무르며, 진주꽃 마니구름이 그 위를 가득 덮었다.

열여섯 부처님 세계 미진수의 세계가 둘러싸서 순일하게 청정하며, 부처님 명호는 최승법무등지이시다.

차상　　과불찰미진수세계　　　유세계　　　명이
此上에 過佛刹微塵數世界하야 有世界하니 名離

구광명　　　기상　　유여향수선류　　의무변색
垢光明이라 其狀이 猶如香水漩流며 依無邊色

보광해주　　　묘향광명운　　　미부기상
寶光海住하야 妙香光明雲으로 彌覆其上하니라

십칠불찰미진수세계　　　위요　　　불호　　변조
十七佛刹微塵數世界가 圍遶하니 佛号는 徧照

허공광명음
虛空光明音이시니라

차상　　과불찰미진수세계　　　유세계　　　명묘
此上에 過佛刹微塵數世界하야 有世界하니 名妙

화장엄　　　기상　　유여선요지형　　의일체
華莊嚴이라 其狀이 猶如旋遶之形이며 依一切

이 위에 부처님 세계 미진수의 세계를 지나서 세계가 있으니 이름이 이구광명이다. 그 형상은 마치 향수가 소용돌이쳐 흐르는 것과 같고, 가없는 빛 보배 광명바다를 의지하여 머무르며, 묘한 향 광명구름이 그 위를 가득 덮었다.

열일곱 부처님 세계 미진수의 세계가 둘러쌌으며, 부처님 명호는 변조허공광명음이시다.

이 위에 부처님 세계 미진수의 세계를 지나서 세계가 있으니 이름이 묘화장엄이다. 그 형

華海住하야 一切樂音摩尼雲으로 彌覆其上하니라

十八佛刹微塵數世界가 圍遶하니 佛号는 普現

勝光明이시니라

此上에 過佛刹微塵數世界하야 有世界하니 名勝

音莊嚴이라 其狀이 猶如師子之座며 依金師子

座海住하야 衆色蓮華藏師子座雲으로 彌覆其

上하니라

상은 마치 빙빙 도는 형상과 같고, 일체 꽃바다를 의지하여 머무르며, 일체 음악 마니구름이 그 위를 가득 덮었다.

열여덟 부처님 세계 미진수의 세계가 둘러쌌으며, 부처님 명호는 보현승광명이시다.

이 위에 부처님 세계 미진수의 세계를 지나서 세계가 있으니 이름이 승음장엄이다. 그 형상은 마치 사자좌와 같고, 금사자좌바다를 의지하여 머무르며, 온갖 색의 연화장 사자좌구름이 그 위를 가득 덮었다.

십구불찰미진수세계　　위요　　불호　무변
十九佛刹微塵數世界가 **圍遶**하니 **佛号**는 **無邊**

공덕칭보광명
功德稱普光明이시니라

차상　　과불찰미진수세계　　　유세계　　명고
此上에 **過佛刹微塵數世界**하야 **有世界**하니 **名高**

승등　　상여불장　　의보의복향당해주
勝燈이라 **狀如佛掌**이며 **依寶衣服香幢海住**하야

일륜보조보왕누각운　　미부기상
日輪普照寶王樓閣雲으로 **彌覆其上**하니라

이십불찰미진수세계　　위요　　순일청정
二十佛刹微塵數世界가 **圍遶**하야 **純一淸淨**하니

불호　보조허공등
佛号는 **普照虛空燈**이시니라

열아홉 부처님 세계 미진수의 세계가 둘러 쌌으며, 부처님 명호는 무변공덕칭보광명이시다.

이 위에 부처님 세계 미진수의 세계를 지나서 세계가 있으니 이름이 고승등이다. 형상은 부처님 손바닥과 같고, 보배 의복 향 깃대바다를 의지하여 머무르며, 태양이 널리 비치는 보배왕 누각구름이 그 위를 가득 덮었다.

스무 부처님 세계 미진수의 세계가 둘러싸서 순일하게 청정하며, 부처님 명호는 보조허공등이시다.

諸佛子^야 此離垢燄藏香水海南^에 次有香水海^{하니} 名無盡光明輪^{이요} 世界種^은 名佛幢莊嚴^{이라} 以一切佛功德海音聲^{으로} 爲體^{하니라}

此中最下方^에 有世界^{하니} 名愛見華^라 狀如寶輪^{이며} 依摩尼樹藏寶王海住^{하야} 化現菩薩形寶藏雲^{으로} 彌覆其上^{하니라}

佛刹微塵數世界^가 圍遶^{하야} 純一淸淨^{하니} 佛

모든 불자들이여, 이 이구염장 향수해 남쪽에 다음 향수해가 있으니 이름이 무진광명륜이다.

세계종은 이름이 불당장엄이며, 일체 부처님 공덕바다 음성으로 체성이 되었다.

이 가운데 가장 아래쪽에 세계가 있으니 이름이 애견화이다. 형상은 보배바퀴와 같고, 마니나무 창고 보배왕바다를 의지하여 머무르며, 보살의 형상을 화현하는 보배 창고구름이 그 위를 가득 덮었다.

부처님 세계 미진수의 세계가 둘러싸서 순일하게 청정하며, 부처님 명호는 연화광환희면

호　연화광환희면
号는 **蓮華光歡喜面**이시니라

차상　과불찰미진수세계　　유세계　　명묘
此上에 **過佛刹微塵數世界**하야 **有世界**하니 **名妙**

음　　불호　수미보등
音이요 **佛号**는 **須彌寶燈**이시니라

차상　과불찰미진수세계　　유세계　　명중
此上에 **過佛刹微塵數世界**하야 **有世界**하니 **名衆**

보장엄광　　불호　법계음성당
寶莊嚴光이요 **佛号**는 **法界音聲幢**이시니라

차상　과불찰미진수세계　　유세계　　명향
此上에 **過佛刹微塵數世界**하야 **有世界**하니 **名香**

상금강　　불호　　광명음
藏金剛이요 **佛号**는 **光明音**이시니라

이시다.

　이 위에 부처님 세계 미진수의 세계를 지나서 세계가 있으니 이름이 묘음이고, 부처님 명호는 수미보등이시다.

　이 위에 부처님 세계 미진수의 세계를 지나서 세계가 있으니 이름이 중보장엄광이고, 부처님 명호는 법계음성당이시다.

　이 위에 부처님 세계 미진수의 세계를 지나서 세계가 있으니 이름이 향장금강이고, 부처님 명호는 광명음이시다.

차상　　과불찰미진수세계　　유세계　　명정
此上에 過佛剎微塵數世界하야 有世界하니 名淨

묘음　　불호　　최승정진력
妙音이요 佛号는 最勝精進力이시니라

차상　　과불찰미진수세계　　유세계　　명보
此上에 過佛剎微塵數世界하야 有世界하니 名寶

련화장엄　　불호　　법성운뢰음
蓮華莊嚴이요 佛号는 法城雲雷音이시니라

차상　　과불찰미진수세계　　유세계　　명여
此上에 過佛剎微塵數世界하야 有世界하니 名與

안락　　불호　　대명칭지혜등
安樂이요 佛号는 大名稱智慧燈이시니라

차상　　과불찰미진수세계　　유세계　　명무
此上에 過佛剎微塵數世界하야 有世界하니 名無

구망　　불호　　사자광공덕해
垢網이요 佛号는 師子光功德海이시니라

이 위에 부처님 세계 미진수의 세계를 지나서 세계가 있으니 이름이 정묘음이고, 부처님 명호는 최승정진력이시다.

이 위에 부처님 세계 미진수의 세계를 지나서 세계가 있으니 이름이 보련화장엄이고, 부처님 명호는 법성운뢰음이시다.

이 위에 부처님 세계 미진수의 세계를 지나서 세계가 있으니 이름이 여안락이고, 부처님 명호는 대명칭지혜등이시다.

이 위에 부처님 세계 미진수의 세계를 지나서 세계가 있으니 이름이 무구망이고, 부처님 명호는 사자광공덕해이시다.

此上에 過佛刹微塵數世界하야 有世界하니 名華林幢徧照요 佛号는 大智蓮華光이시니라

此上에 過佛刹微塵數世界하야 有世界하니 名無量莊嚴이요 佛号는 普眼法界幢이시니라

此上에 過佛刹微塵數世界하야 有世界하니 名普光寶莊嚴이요 佛号는 勝智大商主이시니라

此上에 過佛刹微塵數世界하야 有世界하니 名華王이요 佛号는 月光幢이시니라

이 위에 부처님 세계 미진수의 세계를 지나서 세계가 있으니 이름이 화림당변조이고, 부처님 명호는 대지연화광이시다.

이 위에 부처님 세계 미진수의 세계를 지나서 세계가 있으니 이름이 무량장엄이고, 부처님 명호는 보안법계당이시다.

이 위에 부처님 세계 미진수의 세계를 지나서 세계가 있으니 이름이 보광보장엄이고, 부처님 명호는 승지대상주이시다.

이 위에 부처님 세계 미진수의 세계를 지나서 세계가 있으니 이름이 화왕이고, 부처님 명호는 월광당이시다.

차상　　과불찰미진수세계　　　유세계　　　명이
此上에 過佛刹微塵數世界하야 有世界하니 名離

구장　　　불호　　청정각
垢藏이요 佛号는 淸淨覺이시니라

차상　　과불찰미진수세계　　　유세계　　　명보
此上에 過佛刹微塵數世界하야 有世界하니 名寶

광명　　　불호　　일체지허공등
光明이요 佛号는 一切智虛空燈이시니라

차상　　과불찰미진수세계　　　유세계　　　명출
此上에 過佛刹微塵數世界하야 有世界하니 名出

생보영락　　　불호　　제도복해상광명
生寶瓔珞이요 佛号는 諸度福海相光明이시니라

차상　　과불찰미진수세계　　　유세계　　　명묘
此上에 過佛刹微塵數世界하야 有世界하니 名妙

륜변부　　불호　　조복일체염착심영환희
輪徧覆요 佛号는 調伏一切染著心令歡喜이시니라

이 위에 부처님 세계 미진수의 세계를 지나서 세계가 있으니 이름이 이구장이고, 부처님 명호는 청정각이시다.

이 위에 부처님 세계 미진수의 세계를 지나서 세계가 있으니 이름이 보광명이고, 부처님 명호는 일체지허공등이시다.

이 위에 부처님 세계 미진수의 세계를 지나서 세계가 있으니 이름이 출생보영락이고, 부처님 명호는 제도복해상광명이시다.

이 위에 부처님 세계 미진수의 세계를 지나서 세계가 있으니 이름이 묘륜변부이고, 부처님 명호는 조복일체염착심영환희이시다.

차상　　과불찰미진수세계　　　유세계　　　명보
此上에 過佛刹微塵數世界하야 有世界하니 名寶

화당　　　불호　　광박공덕음대명칭
華幢이요 佛号는 廣博功德音大名稱이시니라

차상　　과불찰미진수세계　　　유세계　　　명무
此上에 過佛刹微塵數世界하야 有世界하니 名無

량장엄　　　불호　　평등지광명공덕해
量莊嚴이요 佛号는 平等智光明功德海이시니라

차상　　과불찰미진수세계　　　유세계　　　명무
此上에 過佛刹微塵數世界하야 有世界하니 名無

진광장엄당　　　상여연화　　의일체보망해
盡光莊嚴幢이라 狀如蓮華며 依一切寶網海

주　　연화광마니망　　미부기상
住하야 蓮華光摩尼網으로 彌覆其上하니라

이 위에 부처님 세계 미진수의 세계를 지나서 세계가 있으니 이름이 보화당이고, 부처님 명호는 광박공덕음대명칭이시다.

이 위에 부처님 세계 미진수의 세계를 지나서 세계가 있으니 이름이 무량장엄이고, 부처님 명호는 평등지광명공덕해이시다.

이 위에 부처님 세계 미진수의 세계를 지나서 세계가 있으니 이름이 무진광장엄당이다. 형상은 연꽃과 같고, 일체 보배 그물바다를 의지하여 머무르며, 연꽃 광명 마니그물이 그 위를 가득 덮었다.

이십불찰미진수세계　위요　　순일청정
二十佛刹微塵數世界가 圍遶하야 純一淸淨하니

불호　법계정광명
佛号는 法界淨光明이시니라

제불자　차무진광명륜향수해우선　차유
諸佛子야 此無盡光明輪香水海右旋에 次有

향수해　　명금강보염광　　세계종　명불
香水海하니 名金剛寶燄光이요 世界種은 名佛

광장엄장　이칭설일체여래명음성　　위
光莊嚴藏이라 以稱說一切如來名音聲으로 爲

체
體하니라

스무 부처님 세계 미진수의 세계가 둘러싸서 순일하게 청정하며, 부처님 명호는 법계정광명이시다.

모든 불자들이여, 이 무진광명륜 향수해를 오른쪽으로 돌아서 다음 향수해가 있으니 이름이 금강보염광이다.

세계종은 이름이 불광장엄장이며 일체 여래의 명호를 설하는 음성으로 체성이 되었다.

此中最下方^{차중최하방}에 有世界^{유세계}하니 名寶燄蓮華^{명보염연화}라 其^기

狀^상이 猶如摩尼色眉間毫相^{유여마니색미간호상}이며 依一切寶色水^{의일체보색수}

漩海住^{선해주}하야 一切莊嚴樓閣雲^{일체장엄누각운}으로 彌覆其上^{미부기상}하니라

佛刹微塵數世界^{불찰미진수세계}가 圍遶^{위요}하야 純一淸淨^{순일청정}하니 佛^불

号^호는 無垢寶光明^{무구보광명}이시니라

此上^{차상}에 過佛刹微塵數世界^{과불찰미진수세계}하야 有世界^{유세계}하니 名光^{명광}

燄藏^{염장}이요 佛号^{불호}는 無礙自在智慧光^{무애자재지혜광}이시니라

이 가운데 가장 아래쪽에 세계가 있으니 이름이 보염연화이다. 그 형상은 마치 마니빛 미간 백호상과 같고, 일체 보배빛 물이 소용돌이치는 바다를 의지하여 머무르며, 일체 장엄한 누각 구름이 그 위를 가득 덮었다.

부처님 세계 미진수의 세계가 둘러싸서 순일하게 청정하며, 부처님 명호는 무구보광명이시다.

이 위에 부처님 세계 미진수의 세계를 지나서 세계가 있으니 이름이 광염장이고, 부처님 명호는 무애자재지혜광이시다.

此上에 過佛刹微塵數世界하야 有世界하니 名寶
輪妙莊嚴이요 佛号는 一切寶光明이시니라

此上에 過佛刹微塵數世界하야 有世界하니 名栴
檀樹華幢이요 佛号는 淸淨智光明이시니라

此上에 過佛刹微塵數世界하야 有世界하니 名佛
刹妙莊嚴이요 佛号는 廣大歡喜音이시니라

此上에 過佛刹微塵數世界하야 有世界하니 名妙
光莊嚴이요 佛号는 法界自在智이시니라

이 위에 부처님 세계 미진수의 세계를 지나서 세계가 있으니 이름이 보륜묘장엄이고, 부처님 명호는 일체보광명이시다.

이 위에 부처님 세계 미진수의 세계를 지나서 세계가 있으니 이름이 전단수화당이고, 부처님 명호는 청정지광명이시다.

이 위에 부처님 세계 미진수의 세계를 지나서 세계가 있으니 이름이 불찰묘장엄이고, 부처님 명호는 광대환희음이시다.

이 위에 부처님 세계 미진수의 세계를 지나서 세계가 있으니 이름이 묘광장엄이고, 부처님 명호는 법계자재지이시다.

차상 과불찰미진수세계   유세계 명무
此上에 過佛刹微塵數世界하야 有世界하니 名無

변상   불호 무애지
邊相이요 佛号는 無礙智이시니라

차상   과불찰미진수세계   유세계 명염
此上에 過佛刹微塵數世界하야 有世界하니 名燄

운당   불호 연설불퇴륜
雲幢이요 佛号는 演說不退輪이시니라

차상   과불찰미진수세계   유세계 명중
此上에 過佛刹微塵數世界하야 有世界하니 名衆

보장엄청정륜   불호 이구화광명
寶莊嚴淸淨輪이요 佛号는 離垢華光明이시니라

차상   과불찰미진수세계   유세계 명광
此上에 過佛刹微塵數世界하야 有世界하니 名廣

대출리   불호 무애지일안
大出離요 佛号는 無礙智日眼이시니라

이 위에 부처님 세계 미진수의 세계를 지나서 세계가 있으니 이름이 무변상이고, 부처님 명호는 무애지이시다.

이 위에 부처님 세계 미진수의 세계를 지나서 세계가 있으니 이름이 염운당이고, 부처님 명호는 연설불퇴륜이시다.

이 위에 부처님 세계 미진수의 세계를 지나서 세계가 있으니 이름이 중보장엄청정륜이고, 부처님 명호는 이구화광명이시다.

이 위에 부처님 세계 미진수의 세계를 지나서 세계가 있으니 이름이 광대출리이고, 부처님 명호는 무애지일안이시다.

此上에 過佛剎微塵數世界하야 有世界하니 名妙

莊嚴金剛座요 佛号는 法界智大光明이시니라

此上에 過佛剎微塵數世界하야 有世界하니 名智

慧普莊嚴이요 佛号는 智炬光明王이시니라

此上에 過佛剎微塵數世界하야 有世界하니 名蓮

華池深妙音이요 佛号는 一切智普照이시니라

此上에 過佛剎微塵數世界하야 有世界하니 名種

種色光明이요 佛号는 普光華王雲이시니라

이 위에 부처님 세계 미진수의 세계를 지나서 세계가 있으니 이름이 묘장엄금강좌이고, 부처님 명호는 법계지대광명이시다.

이 위에 부처님 세계 미진수의 세계를 지나서 세계가 있으니 이름이 지혜보장엄이고, 부처님 명호는 지거광명왕이시다.

이 위에 부처님 세계 미진수의 세계를 지나서 세계가 있으니 이름이 연화지심묘음이고, 부처님 명호는 일체지보조이시다.

이 위에 부처님 세계 미진수의 세계를 지나서 세계가 있으니 이름이 종종색광명이고, 부처님 명호는 보광화왕운이시다.

此上에 過佛刹微塵數世界하야 有世界하니 名妙
寶幢이요 佛号는 功德光이시니라

此上에 過佛刹微塵數世界하야 有世界하니 名摩
尼華毫相光이요 佛号는 普音雲이시니라

此上에 過佛刹微塵數世界하야 有世界하니 名甚
深海요 佛号는 十方衆生主이시니라

此上에 過佛刹微塵數世界하야 有世界하니 名須
彌光이요 佛号는 法界普智音이시니라

이 위에 부처님 세계 미진수의 세계를 지나서 세계가 있으니 이름이 묘보당이고, 부처님 명호는 공덕광이시다.

이 위에 부처님 세계 미진수의 세계를 지나서 세계가 있으니 이름이 마니화호상광이고, 부처님 명호는 보음운이시다.

이 위에 부처님 세계 미진수의 세계를 지나서 세계가 있으니 이름이 심심해이고, 부처님 명호는 시방중생주이시다.

이 위에 부처님 세계 미진수의 세계를 지나서 세계가 있으니 이름이 수미광이고, 부처님 명호는 법계보지음이시다.

차상   과불찰미진수세계   유세계   명금
此上에 過佛刹微塵數世界하야 有世界하니 名金

련화   불호   복덕장보광명
蓮華요 佛号는 福德藏普光明이시니라

차상   과불찰미진수세계   유세계   명보
此上에 過佛刹微塵數世界하야 有世界하니 名寶

장엄장   형여만자   의일체향마니장엄수
莊嚴藏이라 形如卐字며 依一切香摩尼莊嚴樹

해주   청정광명운   미부기상
海住하야 淸淨光明雲으로 彌覆其上하니라

이십불찰미진수세계   위요   순일청정
二十佛刹微塵數世界가 圍遶하야 純一淸淨하니

불호   대변화광명망
佛号는 大變化光明網이시니라

이 위에 부처님 세계 미진수의 세계를 지나서 세계가 있으니 이름이 금련화이고, 부처님 명호는 복덕장보광명이시다.

이 위에 부처님 세계 미진수의 세계를 지나서 세계가 있으니 이름이 보장엄장이다. 형상은 만(卍) 자와 같고, 일체 향마니로 장엄한 나무바다를 의지하여 머무르며, 청정한 광명구름이 그 위를 가득 덮었다.

스무 부처님 세계 미진수의 세계가 둘러싸서 순일하게 청정하며, 부처님 명호는 대변화광명망이시다.

제불자   차금강보염향수해우선   차유향
諸佛子야 此金剛寶燄香水海右旋에 次有香

수해   명제청보장엄   세계종   명광조시
水海하니 名帝靑寶莊嚴이요 世界種은 名光照十

방   의일체묘장엄연화향운주   이무변
方이라 依一切妙莊嚴蓮華香雲住하야 以無邊

불음성   위체
佛音聲으로 爲體하니라

어차최하방   유세계   명시방무진색장
於此最下方에 有世界하니 名十方無盡色藏

륜   기상   주회   유무량각   의무변색
輪이라 其狀이 周迴에 有無量角이며 依無邊色

일체보장해주   인다라망   이부기상
一切寶藏海住하야 因陀羅網으로 而覆其上하니라

모든 불자들이여, 이 금강보염향수해를 오른쪽으로 돌아서 다음 향수해가 있으니 이름이 제청보장엄이다.

세계종은 이름이 광조시방이며, 일체 묘하게 장엄한 연꽃 향기구름을 의지하여 머무르며, 가없는 부처님 음성으로 체성이 되었다.

여기에서 가장 아래쪽에 세계가 있으니 이름이 시방무진색장륜이다. 그 형상이 두루 돌아 한량없는 각이 있으며, 가없는 색의 일체 보배 창고바다를 의지하여 머무르며, 인다라 그물이 그 위를 덮었다.

불찰미진수세계　　위요　　　순일청정　　　불
佛刹微塵數世界가 圍遶하야 純一淸淨하니 佛

호　　연화안광명변조
号는 蓮華眼光明徧照시니라

차상　　과불찰미진수세계　　　유세계　　　명정
此上에 過佛刹微塵數世界하야 有世界하니 名淨

묘장엄장　　　불호　　무상혜대사자
妙莊嚴藏이요 佛号는 無上慧大師子이시니라

차상　　과불찰미진수세계　　　유세계　　　명출
此上에 過佛刹微塵數世界하야 有世界하니 名出

현연화좌　　불호　　변조법계광명왕
現蓮華座요 佛号는 徧照法界光明王이시니라

차상　　과불찰미진수세계　　　유세계　　　명보
此上에 過佛刹微塵數世界하야 有世界하니 名寶

부처님 세계 미진수의 세계가 둘러싸서 순일하게 청정하며, 부처님 명호는 연화안광명변조이시다.

이 위에 부처님 세계 미진수의 세계를 지나서 세계가 있으니 이름이 정묘장엄장이고, 부처님 명호는 무상혜대사자이시다.

이 위에 부처님 세계 미진수의 세계를 지나서 세계가 있으니 이름이 출현연화좌이고, 부처님 명호는 변조법계광명왕이시다.

이 위에 부처님 세계 미진수의 세계를 지나서 세계가 있으니 이름이 보당음이고, 부처님

당음　　불호　대공덕보명칭
幢音이요 **佛号**는 **大功德普名稱**이시니라

차상　　과불찰미진수세계　　유세계　　명금
此上에 **過佛剎微塵數世界**하야 **有世界**하니 **名金**

강보장엄장　　불호　연화일광명
剛寶莊嚴藏이요 **佛号**는 **蓮華日光明**이시니라

차상　　과불찰미진수세계　　유세계　　명인
此上에 **過佛剎微塵數世界**하야 **有世界**하니 **名因**

다라화월　　불호　법자재지혜당
陀羅華月이요 **佛号**는 **法自在智慧幢**이시니라

차상　　과불찰미진수세계　　유세계　　명묘
此上에 **過佛剎微塵數世界**하야 **有世界**하니 **名妙**

륜장　　불호　대희청정음
輪藏이요 **佛号**는 **大喜淸淨音**이시니라

차상　　과불찰미진수세계　　유세계　　명묘
此上에 **過佛剎微塵數世界**하야 **有世界**하니 **名妙**

명호는 대공덕보명칭이시다.

이 위에 부처님 세계 미진수의 세계를 지나서 세계가 있으니 이름이 금강보장엄장이고, 부처님 명호는 연화일광명이시다.

이 위에 부처님 세계 미진수의 세계를 지나서 세계가 있으니 이름이 인다라화월이고, 부처님 명호는 법자재지혜당이시다.

이 위에 부처님 세계 미진수의 세계를 지나서 세계가 있으니 이름이 묘륜장이고, 부처님 명호는 대희청정음이시다.

이 위에 부처님 세계 미진수의 세계를 지나서 세계가 있으니 이름이 묘음장이고, 부처님

音藏이요 佛号는 大力善商主이시니라

此上에 過佛刹微塵數世界하야 有世界하니 名淸
淨月이요 佛号는 須彌光智慧力이시니라

此上에 過佛刹微塵數世界하야 有世界하니 名無
邊莊嚴相이요 佛号는 方便願淨月光이시니라

此上에 過佛刹微塵數世界하야 有世界하니 名妙
華音이요 佛号는 法海大願音이시니라

此上에 過佛刹微塵數世界하야 有世界하니 名一

명호는 대력선상주이시다.

　이 위에 부처님 세계 미진수의 세계를 지나서 세계가 있으니 이름이 청정월이고, 부처님 명호는 수미광지혜력이시다.

　이 위에 부처님 세계 미진수의 세계를 지나서 세계가 있으니 이름이 무변장엄상이고, 부처님 명호는 방편원정월광이시다.

　이 위에 부처님 세계 미진수의 세계를 지나서 세계가 있으니 이름이 묘화음이고, 부처님 명호는 법해대원음이시다.

　이 위에 부처님 세계 미진수의 세계를 지나서 세계가 있으니 이름이 일체보장엄이고, 부

체보장엄   불호   공덕보광명상
切寶莊嚴이요 佛号는 功德寶光明相이시니라

차상   과불찰미진수세계   유세계   명견
此上에 過佛刹微塵數世界하야 有世界하니 名堅

고지   불호   미음최승천
固地요 佛号는 美音最勝天이시니라

차상   과불찰미진수세계   유세계   명보
此上에 過佛刹微塵數世界하야 有世界하니 名普

광선화   불호   대정진적정혜
光善化요 佛号는 大精進寂靜慧이시니라

차상   과불찰미진수세계   유세계   명선
此上에 過佛刹微塵數世界하야 有世界하니 名善

수호장엄행   불호   견자생환희
守護莊嚴行이요 佛号는 見者生歡喜이시니라

차상   과불찰미진수세계   유세계   명전단
此上에 過佛刹微塵數世界하야 有世界하니 名栴檀

처님 명호는 공덕보광명상이시다.

이 위에 부처님 세계 미진수의 세계를 지나서 세계가 있으니 이름이 견고지이고, 부처님 명호는 미음최승천이시다.

이 위에 부처님 세계 미진수의 세계를 지나서 세계가 있으니 이름이 보광선화이고, 부처님 명호는 대정진적정혜이시다.

이 위에 부처님 세계 미진수의 세계를 지나서 세계가 있으니 이름이 선수호장엄행이고, 부처님 명호는 견자생환희이시다.

이 위에 부처님 세계 미진수의 세계를 지나서 세계가 있으니 이름이 전단보화장이고, 부

보화장　　불호　심심불가동지혜광변조
寶華藏이요 佛号는 甚深不可動智慧光徧照이시니라

차상　　과불찰미진수세계　　　유세계　　　명현종
此上에 過佛刹微塵數世界하야 有世界하니 名現種

종색상해　　불호　보방부사의승의왕광명
種色相海요 佛号는 普放不思議勝義王光明이시니라

차상　　과불찰미진수세계　　　유세계　　　명화현
此上에 過佛刹微塵數世界하야 有世界하니 名化現

시방대광명　　불호　승공덕위광무여등
十方大光明이요 佛号는 勝功德威光無與等이시니라

차상　　과불찰미진수세계　　　유세계　　　명수
此上에 過佛刹微塵數世界하야 有世界하니 名須

미운당　　불호　극정광명안
彌雲幢이요 佛号는 極淨光明眼이시니라

처님 명호는 심심불가동지혜광변조이시다.

이 위에 부처님 세계 미진수의 세계를 지나서 세계가 있으니 이름이 현종종색상해이고, 부처님 명호는 보방부사의승의왕광명이시다.

이 위에 부처님 세계 미진수의 세계를 지나서 세계가 있으니 이름이 화현시방대광명이고, 부처님 명호는 승공덕위광무여등이시다.

이 위에 부처님 세계 미진수의 세계를 지나서 세계가 있으니 이름이 수미운당이고, 부처님 명호는 극정광명안이시다.

차상   과불찰미진수세계   유세계   명연
此上에 過佛刹微塵數世界하야 有世界하니 名蓮

화변조   기상   주원   의무변색중묘향마
華徧照라 其狀이 周圓이며 依無邊色衆妙香摩

니해주   일체승장엄운   미부기상
尼海住하야 一切乘莊嚴雲으로 彌覆其上하니라

이십불찰미진수세계   위요   순일청정
二十佛刹微塵數世界가 圍遶하야 純一淸淨하니

불호   해탈정진일
佛号는 解脫精進日이시니라

제불자   차제청보장엄향수해우선   차유
諸佛子야 此帝靑寶莊嚴香水海右旋에 次有

향수해   명금강륜장엄저   세계종   명묘
香水海하니 名金剛輪莊嚴底요 世界種은 名妙

이 위에 부처님 세계 미진수의 세계를 지나서 세계가 있으니 이름이 연화변조이다. 그 형상은 두루 둥글고, 가없는 색과 온갖 묘한 향 마니바다를 의지하여 머무르며, 일체 수레 장엄구름이 그 위를 가득 덮었다.

스무 부처님 세계 미진수의 세계가 둘러싸서 순일하게 청정하며, 부처님 명호는 해탈정진일이시다.

모든 불자들이여, 이 제청보장엄 향수해를 오른쪽으로 돌아서 다음 향수해가 있으니 이

보간착인다라망　　보현지소생음성　　위
寶間錯因陀羅網이라 普賢智所生音聲으로 爲

체
體하니라

차중최하방　　유세계　　명연화망　　기상
此中最下方에 有世界하니 名蓮華網이라 其狀이

유여수미산형　　의중묘화산당해주　　불
猶如須彌山形이며 依衆妙華山幢海住하야 佛

경계마니왕제망운　　이부기상
境界摩尼王帝網雲으로 而覆其上하니라

불찰미진수세계　　위요　　순일청정　　불
佛刹微塵數世界가 圍遶하야 純一淸淨하니 佛

호　　법신보각혜
号는 法身普覺慧시니라

름이 금강륜장엄저이다.

세계종은 이름이 묘보간착인다라망이며, 보현의 지혜에서 나오는 음성으로 체성이 되었다.

이 가운데 가장 아래쪽에 세계가 있으니 이름이 연화망이다. 그 형상은 마치 수미산 형상과 같고, 온갖 묘한 꽃 산 깃대바다를 의지하여 머무르며, 부처님 경계 마니왕 제석천 그물 구름이 그 위를 덮었다.

부처님 세계 미진수의 세계가 둘러싸서 순일하게 청정하며, 부처님 명호는 법신보각혜이시다.

차상　　과불찰미진수세계　　　유세계　　　명무
此上에 過佛刹微塵數世界하야 有世界하니 名無

진일광명　　　　불호　　최승대각혜
盡日光明이요 佛号는 最勝大覺慧이시니라

차상　　과불찰미진수세계　　　유세계　　　명보
此上에 過佛刹微塵數世界하야 有世界하니 名普

방묘광명　　　　불호　　대복운무진력
放妙光明이요 佛号는 大福雲無盡力이시니라

차상　　과불찰미진수세계　　　유세계　　　명수
此上에 過佛刹微塵數世界하야 有世界하니 名樹

화당　　　불호　　무변지법계음
華幢이요 佛号는 無邊智法界音이시니라

차상　　과불찰미진수세계　　　유세계　　　명진
此上에 過佛刹微塵數世界하야 有世界하니 名眞

주개　　불호　　바라밀사자빈신
珠蓋요 佛号는 波羅蜜師子頻申이시니라

이 위에 부처님 세계 미진수의 세계를 지나서 세계가 있으니 이름이 무진일광명이고, 부처님 명호는 최승대각혜이시다.

이 위에 부처님 세계 미진수의 세계를 지나서 세계가 있으니 이름이 보방묘광명이고, 부처님 명호는 대복운무진력이시다.

이 위에 부처님 세계 미진수의 세계를 지나서 세계가 있으니 이름이 수화당이고, 부처님 명호는 무변지법계음이시다.

이 위에 부처님 세계 미진수의 세계를 지나서 세계가 있으니 이름이 진주개이고, 부처님 명호는 바라밀사자빈신이시다.

차상　　　과불찰미진수세계　　　유세계　　　명무
此上에 過佛刹微塵數世界하야 有世界하니 名無

변음　　　불호　　일체지묘각혜
邊音이요 佛号는 一切智妙覺慧이시니라

차상　　　과불찰미진수세계　　　유세계　　　명보
此上에 過佛刹微塵數世界하야 有世界하니 名普

견수봉　　　불호　　보현중생전
見樹峰이요 佛号는 普現衆生前이시니라

차상　　　과불찰미진수세계　　　유세계　　　명사
此上에 過佛刹微塵數世界하야 有世界하니 名師

자제망광　　　불호　　무구일금색광염운
子帝網光이요 佛号는 無垢日金色光燄雲이시니라

차상　　　과불찰미진수세계　　　유세계　　　명중
此上에 過佛刹微塵數世界하야 有世界하니 名衆

보간착　　　불호　　제당최승혜
寶閒錯이요 佛号는 帝幢最勝慧이시니라

이 위에 부처님 세계 미진수의 세계를 지나서 세계가 있으니 이름이 무변음이고, 부처님 명호는 일체지묘각혜이시다.

이 위에 부처님 세계 미진수의 세계를 지나서 세계가 있으니 이름이 보견수봉이고, 부처님 명호는 보현중생전이시다.

이 위에 부처님 세계 미진수의 세계를 지나서 세계가 있으니 이름이 사자제망광이고, 부처님 명호는 무구일금색광염운이시다.

이 위에 부처님 세계 미진수의 세계를 지나서 세계가 있으니 이름이 중보간착이고, 부처님 명호는 제당최승혜이시다.

차상 과불찰미진수세계 유세계 명무
此上에 **過佛刹微塵數世界**하야 **有世界**하니 **名無**

구광명지 불호 일체력청정월
垢光明地요 **佛号**는 **一切力淸淨月**이시니라

차상 과불찰미진수세계 유세계 명항
此上에 **過佛刹微塵數世界**하야 **有世界**하니 **名恒**

출탄불공덕음 불호 여허공보각혜
出歎佛功德音이요 **佛号**는 **如虛空普覺慧**이시니라

차상 과불찰미진수세계 유세계 명고
此上에 **過佛刹微塵數世界**하야 **有世界**하니 **名高**

염장 불호 화현시방대운당
燄藏이요 **佛号**는 **化現十方大雲幢**이시니라

차상 과불찰미진수세계 유세계 명광
此上에 **過佛刹微塵數世界**하야 **有世界**하니 **名光**

엄도량 불호 무등지변조
嚴道場이요 **佛号**는 **無等智徧照**이시니라

이 위에 부처님 세계 미진수의 세계를 지나서 세계가 있으니 이름이 무구광명지이고, 부처님 명호는 일체력청정월이시다.

이 위에 부처님 세계 미진수의 세계를 지나서 세계가 있으니 이름이 항출탄불공덕음이고, 부처님 명호는 여허공보각혜이시다.

이 위에 부처님 세계 미진수의 세계를 지나서 세계가 있으니 이름이 고염장이고, 부처님 명호는 화현시방대운당이시다.

이 위에 부처님 세계 미진수의 세계를 지나서 세계가 있으니 이름이 광엄도량이고, 부처님 명호는 무등지변조이시다.

차상　　　과불찰미진수세계　　　유세계　　　명출
此上에 過佛刹微塵數世界하야 有世界하니 名出

생일체보장엄　　　불호　광도중생신통왕
生一切寶莊嚴이요 佛号는 廣度衆生神通王이시니라

차상　　　과불찰미진수세계　　　유세계　　　명광
此上에 過佛刹微塵數世界하야 有世界하니 名光

엄묘궁전　　　불호　　일체의성광대혜
嚴妙宮殿이요 佛号는 一切義成廣大慧이시니라

차상　　　과불찰미진수세계　　　유세계　　　명이
此上에 過佛刹微塵數世界하야 有世界하니 名離

진적정　　　불호　　부당현
塵寂靜이요 佛号는 不唐現이시니라

차상　　　과불찰미진수세계　　　유세계　　　명마
此上에 過佛刹微塵數世界하야 有世界하니 名摩

니화당　　　불호　　열의길상음
尼華幢이요 佛号는 悅意吉祥音이시니라

이 위에 부처님 세계 미진수의 세계를 지나서 세계가 있으니 이름이 출생일체보장엄이고, 부처님 명호는 광도중생신통왕이시다.

이 위에 부처님 세계 미진수의 세계를 지나서 세계가 있으니 이름이 광엄묘궁전이고, 부처님 명호는 일체의성광대혜이시다.

이 위에 부처님 세계 미진수의 세계를 지나서 세계가 있으니 이름이 이진적정이고, 부처님 명호는 부당현이시다.

이 위에 부처님 세계 미진수의 세계를 지나서 세계가 있으니 이름이 마니화당이고, 부처님 명호는 열의길상음이시다.

차상 과불찰미진수세계 유세계 명보
此上에 過佛刹微塵數世界하야 有世界하니 名普

운장 기상 유여누각지형 의종종궁
雲藏이리 其狀이 猶如樓閣之形이며 依種種宮

전향수해주 일체보등운 미부기상
殿香水海住하야 一切寶燈雲으로 彌覆其上하니라

이십불찰미진수세계 위요 순일청정
二十佛刹微塵數世界가 圍遶하야 純一淸淨하니

불호 최승각신통왕
佛号는 最勝覺神通王이시니라

제불자 차금강륜장엄저향수해우선 차
諸佛子야 此金剛輪莊嚴底香水海右旋에 次

유향수해 명연화인다라망 세계종
有香水海하니 名蓮華因陀羅網이요 世界種은

이 위에 부처님 세계 미진수의 세계를 지나서 세계가 있으니 이름이 보운장이다. 그 형상은 마치 누각 형상과 같고, 갖가지 궁전 향수 바다를 의지하여 머무르며, 일체 보배 등불구름이 그 위를 가득 덮었다.

스무 부처님 세계 미진수의 세계가 둘러싸서 순일하게 청정하며, 부처님 명호는 최승각신통왕이시다.

모든 불자들이여, 이 금강륜장엄저 향수해를 오른쪽으로 돌아서 다음 향수해가 있으니 이름이 연화인다라망이다.

명보현시방영 의일체향마니장엄연화
名普現十方影이라 依一切香摩尼莊嚴蓮華

주 일체불지광음성 위체
住하야 一切佛智光音聲으로 爲體하니라

차중최하방 유세계 명중생해보광명
此中最下方에 有世界하니 名衆生海寶光明이라

기상 유여진주지장 의일체마니영락해
其狀이 猶如眞珠之藏이며 依一切摩尼瓔珞海

선주 수광명마니운 이부기상
漩住하야 水光明摩尼雲으로 而覆其上하니라

불찰미진수세계 위요 순일청정 불
佛刹微塵數世界가 圍遶하야 純一淸淨하니 佛

호 부사의공덕변조월
号는 不思議功德徧照月이시니라

세계종은 이름이 보현시방영이며, 일체 향 마니로 장엄한 연꽃을 의지하여 머무르며, 일체 부처님의 지혜 광명 음성으로 체성이 되었다.

이 가운데 가장 아래쪽에 세계가 있으니 이름이 중생해보광명이다. 그 형상은 마치 진주 창고와 같고, 일체 마니 영락바다 소용돌이를 의지하여 머무르며, 물 광명 마니구름이 그 위를 덮었다.

부처님 세계 미진수의 세계가 둘러싸서 순일하게 청정하며, 부처님 명호는 부사의공덕변조월이시다.

차상 과불찰미진수세계 유세계 명묘
此上에 過佛刹微塵數世界하야 有世界하니 名妙

향륜 불호 무량력당
香輪이요 佛号는 無量力幢이시니라

차상 과불찰미진수세계 유세계 명묘
此上에 過佛刹微塵數世界하야 有世界하니 名妙

광륜 불호 법계광음각오혜
光輪이요 佛号는 法界光音覺悟慧이시니라

차상 과불찰미진수세계 유세계 명후
此上에 過佛刹微塵數世界하야 有世界하니 名吼

성마니당 불호 연화광항수묘비
聲摩尼幢이요 佛号는 蓮華光恒垂妙臂이시니라

차상 과불찰미진수세계 유세계 명극
此上에 過佛刹微塵數世界하야 有世界하니 名極

견고륜 불호 불퇴전공덕해광명
堅固輪이요 佛号는 不退轉功德海光明이시니라

이 위에 부처님 세계 미진수의 세계를 지나서 세계가 있으니 이름이 묘향륜이고, 부처님 명호는 무량력당이시다.

이 위에 부처님 세계 미진수의 세계를 지나서 세계가 있으니 이름이 묘광륜이고, 부처님 명호는 법계광음각오혜이시다.

이 위에 부처님 세계 미진수의 세계를 지나서 세계가 있으니 이름이 후성마니당이고, 부처님 명호는 연화광항수묘비이시다.

이 위에 부처님 세계 미진수의 세계를 지나서 세계가 있으니 이름이 극견고륜이고, 부처님 명호는 불퇴전공덕해광명이시다.

차상 과불찰미진수세계 유세계 명중
此上에 過佛刹微塵數世界하야 有世界하니 名衆

행광장엄 불호 일체지보승존
行光莊嚴이요 佛号는 一切智普勝尊이시니라

차상 과불찰미진수세계 유세계 명사
此上에 過佛刹微塵數世界하야 有世界하니 名師

자좌변조 불호 사자광무량력각혜
子座徧照요 佛号는 師子光無量力覺慧이시니라

차상 과불찰미진수세계 유세계 명보
此上에 過佛刹微塵數世界하야 有世界하니 名寶

염장엄 불호 일체법청정지
燄莊嚴이요 佛号는 一切法淸淨智이시니라

차상 과불찰미진수세계 유세계 명무
此上에 過佛刹微塵數世界하야 有世界하니 名無

량등 불호 무우상
量燈이요 佛号는 無憂相이시니라

이 위에 부처님 세계 미진수의 세계를 지나서 세계가 있으니 이름이 중행광장엄이고, 부처님 명호는 일체지보승존이시다.

이 위에 부처님 세계 미진수의 세계를 지나서 세계가 있으니 이름이 사자좌변조이고, 부처님 명호는 사자광무량력각혜이시다.

이 위에 부처님 세계 미진수의 세계를 지나서 세계가 있으니 이름이 보염장엄이고, 부처님 명호는 일체법청정지이시다.

이 위에 부처님 세계 미진수의 세계를 지나서 세계가 있으니 이름이 무량등이고, 부처님 명호는 무우상이시다.

차상　　과불찰미진수세계　　　유세계　　명상
此上에 過佛刹微塵數世界하야 有世界하니 名常

문불음　　불호　　자연승위광
聞佛音이요 佛号는 自然勝威光이시니라

차상　　과불찰미진수세계　　　유세계　　명청
此上에 過佛刹微塵數世界하야 有世界하니 名淸

정변화　　불호　　금련화광명
淨變化요 佛号는 金蓮華光明이시니라

차상　　과불찰미진수세계　　　유세계　　명보
此上에 過佛刹微塵數世界하야 有世界하니 名普

입시방　　불호　　관법계빈신혜
入十方이요 佛号는 觀法界頻申慧이시니라

차상　　과불찰미진수세계　　　유세계　　명치
此上에 過佛刹微塵數世界하야 有世界하니 名熾

연염　　불호　　광염수긴나라왕
然燄이요 佛号는 光燄樹緊那羅王이시니라

이 위에 부처님 세계 미진수의 세계를 지나서 세계가 있으니 이름이 상문불음이고, 부처님 명호는 자연승위광이시다.

이 위에 부처님 세계 미진수의 세계를 지나서 세계가 있으니 이름이 청정변화이고, 부처님 명호는 금련화광명이시다.

이 위에 부처님 세계 미진수의 세계를 지나서 세계가 있으니 이름이 보입시방이고, 부처님 명호는 관법계빈신혜이시다.

이 위에 부처님 세계 미진수의 세계를 지나서 세계가 있으니 이름이 치연염이고, 부처님 명호는 광염수긴나라왕이시다.

차상　　과불찰미진수세계　　　유세계　　　명향
此上에 過佛刹微塵數世界하야 有世界하니 名香

광변조　　불호　　향등선화왕
光徧照요 佛号는 香燈善化王이시니라

차상　　과불찰미진수세계　　　유세계　　　명무
此上에 過佛刹微塵數世界하야 有世界하니 名無

량화취륜　　　불호　　보현불공덕
量華聚輪이요 佛号는 普現佛功德이시니라

차상　　과불찰미진수세계　　　유세계　　　명중
此上에 過佛刹微塵數世界하야 有世界하니 名衆

묘보청정　　　불호　　일체법평등신통왕
妙普淸淨이요 佛号는 一切法平等神通王이시니라

차상　　과불찰미진수세계　　　유세계　　　명금
此上에 過佛刹微塵數世界하야 有世界하니 名金

광해　　불호　　시방자재대변화
光海요 佛号는 十方自在大變化이시니라

이 위에 부처님 세계 미진수의 세계를 지나서 세계가 있으니 이름이 향광변조이고, 부처님 명호는 향등선화왕이시다.

이 위에 부처님 세계 미진수의 세계를 지나서 세계가 있으니 이름이 무량화취륜이고, 부처님 명호는 보현불공덕이시다.

이 위에 부처님 세계 미진수의 세계를 지나서 세계가 있으니 이름이 중묘보청정이고, 부처님 명호는 일체법평등신통왕이시다.

이 위에 부처님 세계 미진수의 세계를 지나서 세계가 있으니 이름이 금광해이고, 부처님 명호는 시방자재대변화이시다.

차상 과불찰미진수세계 유세계 명진
此上에 過佛刹微塵數世界하야 有世界하니 名眞

주화장 불호 법계보광명불가사의혜
珠華藏이요 佛号는 法界寶光明不可思議慧이시니라

차상 과불찰미진수세계 유세계 명제
此上에 過佛刹微塵數世界하야 有世界하니 名帝

석수미사자좌 불호 승력광
釋須彌師子座요 佛号는 勝力光이시니라

차상 과불찰미진수세계 유세계 명무
此上에 過佛刹微塵數世界하야 有世界하니 名無

변보보조 기형 사방 의화림해주 보
邊寶普照라 其形이 四方이며 依華林海住하야 普

우무변색마니왕제망 미부기상
雨無邊色摩尼王帝網으로 彌覆其上하니라

이 위에 부처님 세계 미진수의 세계를 지나서 세계가 있으니 이름이 진주화장이고, 부처님 명호는 법계보광명불가사의혜이시다.

이 위에 부처님 세계 미진수의 세계를 지나서 세계가 있으니 이름이 제석수미사자좌이고, 부처님 명호는 승력광이시다.

이 위에 부처님 세계 미진수의 세계를 지나서 세계가 있으니 이름이 무변보보조이다. 그 형상은 네모이고, 꽃수풀바다를 의지하여 머무르며, 널리 가없는 색의 마니왕을 비 내리는 제석천 그물이 그 위를 가득 덮었다.

이십불찰미진수세계 위요 순일청정
二十佛刹微塵數世界가 圍遶하야 純一淸淨하니

불호 변조세간최승음
佛号는 徧照世間最勝音이시니라

제불자 차연화인다라망향수해우선 차
諸佛子야 此蓮華因陀羅網香水海右旋에 次

유향수해 명적집보향장 세계종 명일
有香水海하니 名積集寶香藏이요 世界種은 名一

체위덕장엄 이일체불법륜음성 위체
切威德莊嚴이라 以一切佛法輪音聲으로 爲體하니라

차중최하방 유세계 명종종출생 형여
此中最下方에 有世界하니 名種種出生이라 形如

스무 부처님 세계 미진수의 세계가 둘러싸서 순일하게 청정하며, 부처님 명호는 변조세간최승음이시다.

모든 불자들이여, 이 연화인다라망 향수해를 오른쪽으로 돌아서 다음 향수해가 있으니 이름이 적집보향장이다.

세계종은 이름이 일체위덕장엄이며, 일체 부처님의 법륜음성으로 체성이 되었다.

이 가운데 가장 아래쪽에 세계가 있으니 이

금강   의종종금강산당주   금강보광운
金剛이며 **依種種金剛山幢住**하야 **金剛寶光雲**으로

이부기상
而覆其上하니라

불찰미진수세계   위요   순일청정   불
佛刹微塵數世界가 **圍遶**하야 **純一淸淨**하니 **佛**

호   연화안
号는 **蓮華眼**이시니라

차상   과불찰미진수세계   유세계   명희
此上에 **過佛刹微塵數世界**하야 **有世界**하니 **名喜**

견음   불호   생희락
見音이요 **佛号**는 **生喜樂**이시니라

자상   과불찰미진수세계   유세계   명보
此上에 **過佛刹微塵數世界**하야 **有世界**하니 **名寶**

름이 종종출생이다. 형상은 금강과 같고, 갖가지 금강산 깃대를 의지하여 머무르며, 금강 보배 광명구름이 그 위를 덮었다.

부처님 세계 미진수의 세계가 둘러싸서 순일하게 청정하며, 부처님 명호는 연화안이시다.

이 위에 부처님 세계 미진수의 세계를 지나서 세계가 있으니 이름이 희견음이고, 부처님 명호는 생희락이시다.

이 위에 부처님 세계 미진수의 세계를 지나서 세계가 있으니 이름이 보장엄당이고, 부처

장엄당　　불호　　일체지
莊嚴幢이요 佛号는 一切智이시니라

차상　　과불찰미진수세계　　유세계　　명다
此上에 過佛刹微塵數世界하야 有世界하니 名多

라화보조　　불호　　무구적묘음
羅華普照요 佛号는 無垢寂妙音이시니라

차상　　과불찰미진수세계　　유세계　　명변
此上에 過佛刹微塵數世界하야 有世界하니 名變

화광　　불호　　청정공지혜월
化光이요 佛号는 淸淨空智慧月이시니라

차상　　과불찰미진수세계　　유세계　　명중
此上에 過佛刹微塵數世界하야 有世界하니 名衆

묘간착　　불호　　개시복덕해밀운상
妙閒錯이요 佛号는 開示福德海密雲相이시니라

차상　　과불찰미진수세계　　유세계　　명일
此上에 過佛刹微塵數世界하야 有世界하니 名一

님 명호는 일체지이시다.

 이 위에 부처님 세계 미진수의 세계를 지나서 세계가 있으니 이름이 다라화보조이고, 부처님 명호는 무구적묘음이시다.

 이 위에 부처님 세계 미진수의 세계를 지나서 세계가 있으니 이름이 변화광이고, 부처님 명호는 청정공지혜월이시다.

 이 위에 부처님 세계 미진수의 세계를 지나서 세계가 있으니 이름이 중묘간착이고, 부처님 명호는 개시복덕해밀운상이시다.

 이 위에 부처님 세계 미진수의 세계를 지나서 세계가 있으니 이름이 일체장엄구묘음성이

체장엄구묘음성 불호 환희운
切莊嚴具妙音聲이요 佛号는 歡喜雲이시니라

차상   과불찰미진수세계   유세계   명연
此上에 過佛刹微塵數世界하야 有世界하니 名蓮

화지 불호 명칭당
華池요 佛号는 名稱幢이시니라

차상   과불찰미진수세계   유세계   명일
此上에 過佛刹微塵數世界하야 有世界하니 名一

체보장엄   불호   빈신관찰안
切寶莊嚴이요 佛号는 頻申觀察眼이시니라

차상   과불찰미진수세계   유세계   명정
此上에 過佛刹微塵數世界하야 有世界하니 名淨

묘화 불호 무진금강지
妙華요 佛号는 無盡金剛智이시니라

차상   과불찰미진수세계   유세계   명연
此上에 過佛刹微塵數世界하야 有世界하니 名蓮

고, 부처님 명호는 환희운이시다.

이 위에 부처님 세계 미진수의 세계를 지나서 세계가 있으니 이름이 연화지이고, 부처님 명호는 명칭당이시다.

이 위에 부처님 세계 미진수의 세계를 지나서 세계가 있으니 이름이 일체보장엄이고, 부처님 명호는 빈신관찰안이시다.

이 위에 부처님 세계 미진수의 세계를 지나서 세계가 있으니 이름이 정묘화이고, 부처님 명호는 무진금강지이시다.

이 위에 부처님 세계 미진수의 세계를 지나서 세계가 있으니 이름이 연화장엄성이고, 부

華莊嚴城^{화장엄성}이요 佛号^{불호}는 日藏眼普光明^{일장안보광명}이시니라

此上^{차상}에 過佛刹微塵數世界^{과불찰미진수세계}하야 有世界^{유세계}하니 名無量樹峰^{명무량수봉}이요 佛号^{불호}는 一切法雷音^{일체법뢰음}이시니라

此上^{차상}에 過佛刹微塵數世界^{과불찰미진수세계}하야 有世界^{유세계}하니 名日光明^{명일광명}이요 佛号^{불호}는 開示無量智^{개시무량지}이시니라

此上^{차상}에 過佛刹微塵數世界^{과불찰미진수세계}하야 有世界^{유세계}하니 名依止蓮華葉^{명의지연화엽}이요 佛号^{불호}는 一切福德山^{일체복덕산}이시니라

此上^{차상}에 過佛刹微塵數世界^{과불찰미진수세계}하야 有世界^{유세계}하니 名風^{명풍}

처님 명호는 일장안보광명이시다.

이 위에 부처님 세계 미진수의 세계를 지나서 세계가 있으니 이름이 무량수봉이고, 부처님 명호는 일체법뢰음이시다.

이 위에 부처님 세계 미진수의 세계를 지나서 세계가 있으니 이름이 일광명이고, 부처님 명호는 개시무량지이시다.

이 위에 부처님 세계 미진수의 세계를 지나서 세계가 있으니 이름이 의지연화엽이고, 부처님 명호는 일체복덕산이시다.

이 위에 부처님 세계 미진수의 세계를 지나서 세계가 있으니 이름이 풍보지이고, 부처님

보지　　　　불호　　일요근
普持요 佛号는 日曜根이시니라

차상　　과불찰미진수세계　　　유세계　　　명광
此上에 過佛刹微塵數世界하야 有世界하니 名光

명현현　　　　불호　　신광보조
明顯現이요 佛号는 身光普照이시니라

차상　　과불찰미진수세계　　　유세계　　　명향
此上에 過佛刹微塵數世界하야 有世界하니 名香

뢰음금강보보조　　　불호　　최승화개부상
雷音金剛寶普照요 佛号는 最勝華開敷相이시니라

차상　　과불찰미진수세계　　　유세계　　　명제
此上에 過佛刹微塵數世界하야 有世界하니 名帝

망장엄　　　형여난순　　　의일체장엄해주
網莊嚴이라 形如欄楯이며 依一切莊嚴海住하야

명호는 일요근이시다.

이 위에 부처님 세계 미진수의 세계를 지나서 세계가 있으니 이름이 광명현현이고, 부처님 명호는 신광보조이시다.

이 위에 부처님 세계 미진수의 세계를 지나서 세계가 있으니 이름이 향뢰음금강보보조이고, 부처님 명호는 최승화개부상이시다.

이 위에 부처님 세계 미진수의 세계를 지나서 세계가 있으니 이름이 제망장엄이다. 형상은 난간과 같고, 일체 장엄바다를 의지하여 머무르며, 광명 불꽃 누각구름이 그 위를 가득

광염누각운　　미부기상
光燄樓閣雲으로 **彌覆其上**하니라

이십불찰미진수세계　　위요　　순일청정
二十佛刹微塵數世界가 **圍遶**하야 **純**·**淸淨**하니

불호　　시현무외운
佛号는 **示現無畏雲**이시니라

제불자　　차적집보향장향수해우선　　차유
諸佛子야 **此積集寶香藏香水海右旋**에 **次有**

향수해　　명보장엄　　세계종　　명보무구
香水海하니 **名寶莊嚴**이요 **世界種**은 **名普無垢**라

이일체미진중불찰신변성　　위체
以一切微塵中佛刹神變聲으로 **爲體**하니라

덮었다.

스무 부처님 세계 미진수의 세계가 둘러싸서 순일하게 청정하며, 부처님 명호는 시현무외운이시다.

모든 불자들이여, 이 적집보향장 향수해를 오른쪽으로 돌아서 다음 향수해가 있으니 이름이 보장엄이다.

세계종은 이름이 보무구이며, 일체 미진 가운데 부처님 세계의 신통 변화하는 소리로 체성이 되었다.

차중최하방　　유세계　　　명정묘평탄　　　형여
此中最下方에 有世界하니 名淨妙平坦이라 形如

보신　　의일체보광륜해주　　　종종전단마
寶身이며 依一切寶光輪海住하야 種種栴檀摩

니진주운　　이부기상
尼眞珠雲으로 而覆其上하니라

불찰미진수세계위요　　순일청정　　불호
佛刹微塵數世界圍遶하야 純一淸淨하니 佛号는

난최복무등당
難摧伏無等幢이시니라

차상　　과불찰미진수세계　　유세계　　명치
此上에 過佛刹微塵數世界하야 有世界하니 名熾

연묘장엄　　불호　연화혜신통왕
然妙莊嚴이요 佛号는 蓮華慧神通王이시니라

이 가운데 가장 아래쪽에 세계가 있으니 이름이 정묘평탄이다. 형상은 보배 몸과 같고, 일체 보배 광명바퀴바다를 의지하여 머무르며, 갖가지 전단 마니 진주구름이 그 위를 덮었다.

　부처님 세계 미진수의 세계가 둘러싸서 순일하게 청정하며, 부처님 명호는 난최복무등당이시다.

　이 위에 부처님 세계 미진수의 세계를 지나서 세계가 있으니 이름이 치연묘장엄이고, 부처님 명호는 연화혜신통왕이시다.

차상　　과불찰미진수세계　　　유세계　　　명미
此上에 過佛刹微塵數世界하야 有世界하니 名微

묘상륜당　　　불호　　시방대명칭무진광
妙相輪幢이요 佛号는 十方大名稱無盡光이시니라

차상　　과불찰미진수세계　　　유세계　　명염장
此上에 過佛刹微塵數世界하야 有世界하니 名燄藏

마니묘장엄　　　불호　　대지혜견문개환희
摩尼妙莊嚴이요 佛号는 大智慧見聞皆歡喜이시니라

차상　　과불찰미진수세계　　　유세계　　명묘
此上에 過佛刹微塵數世界하야 有世界하니 名妙

화장엄　　　불호　　무량력최승지
華莊嚴이요 佛号는 無量力最勝智이시니라

차상　　과불찰미진수세계　　　유세계　　명출
此上에 過佛刹微塵數世界하야 有世界하니 名出

생정미진　　　불호　　초승범
生淨微塵이요 佛号는 超勝梵이시니라

이 위에 부처님 세계 미진수의 세계를 지나서 세계가 있으니 이름이 미묘상륜당이고, 부처님 명호는 시방대명칭무진광이시다.

이 위에 부처님 세계 미진수의 세계를 지나서 세계가 있으니 이름이 염장마니묘장엄이고, 부처님 명호는 대지혜견문개환희이시다.

이 위에 부처님 세계 미진수의 세계를 지나서 세계가 있으니 이름이 묘화장엄이고, 부처님 명호는 무량력최승지이시다.

이 위에 부처님 세계 미진수의 세계를 지나서 세계가 있으니 이름이 출생정미진이고, 부처님 명호는 초승범이시다.

차상 　　　과불찰미진수세계 　　　유세계 　　　명보
此上에 過佛刹微塵數世界하야 有世界하니 名普

광명변화향 　　　불호 　　향상금강대력세
光明變化香이요 佛号는 香象金剛大力勢이시니라

차상 　　　과불찰미진수세계 　　　유세계 　　　명광
此上에 過佛刹微塵數世界하야 有世界하니 名光

명선 　　　불호 　　의성선명칭
明旋이요 佛号는 義成善名稱이시니라

차상 　　　과불찰미진수세계 　　　유세계 　　　명보
此上에 過佛刹微塵數世界하야 有世界하니 名寶

영락해 　불호 　무비광변조
瓔珞海요 佛号는 無比光徧照이시니라

차상 　　　과불찰미진수세계 　　　유세계 　　　명묘
此上에 過佛刹微塵數世界하야 有世界하니 名妙

화등당 　　　불호 　　구경공덕무애혜등
華燈幢이요 佛号는 究竟功德無礙慧燈이시니라

이 위에 부처님 세계 미진수의 세계를 지나서 세계가 있으니 이름이 보광명변화향이고, 부처님 명호는 향상금강대력세이시다.

이 위에 부처님 세계 미진수의 세계를 지나서 세계가 있으니 이름이 광명선이고, 부처님 명호는 의성선명칭이시다.

이 위에 부처님 세계 미진수의 세계를 지나서 세계가 있으니 이름이 보영락해이고, 부처님 명호는 무비광변조이시다.

이 위에 부처님 세계 미진수의 세계를 지나서 세계가 있으니 이름이 묘화등당이고, 부처님 명호는 구경공덕무애혜등이시다.

此上_에 過佛刹微塵數世界_{하야} 有世界_{하니} 名善巧莊嚴_{이요} 佛号_는 慧日波羅蜜_{이시니라}

此上_에 過佛刹微塵數世界_{하야} 有世界_{하니} 名栴檀華普光明_{이요} 佛号_는 無邊慧法界音_{이시니라}

此上_에 過佛刹微塵數世界_{하야} 有世界_{하니} 名帝網幢_{이요} 佛号_는 燈光迴照_{이시니라}

此上_에 過佛刹微塵數世界_{하야} 有世界_{하니} 名淨華輪_{이요} 佛号_는 法界日光明_{이시니라}

이 위에 부처님 세계 미진수의 세계를 지나서 세계가 있으니 이름이 선교장엄이고, 부처님 명호는 혜일바라밀이시다.

이 위에 부처님 세계 미진수의 세계를 지나서 세계가 있으니 이름이 전단화보광명이고, 부처님 명호는 무변혜법계음이시다.

이 위에 부처님 세계 미진수의 세계를 지나서 세계가 있으니 이름이 제망당이고, 부처님 명호는 등광형조이시다.

이 위에 부처님 세계 미진수의 세계를 지나서 세계가 있으니 이름이 정화륜이고, 부처님 명호는 법계일광명이시다.

차상   과불찰미진수세계   유세계   명대
此上에 過佛刹微塵數世界하야 有世界하니 名大

위요   불호   무변공덕해법륜음
威耀요 佛号는 無邊功德海法輪音이시니라

차상   과불찰미진수세계   유세계   명동안
此上에 過佛刹微塵數世界하야 有世界하니 名同安

주보련화지   불호   개시입불가사의지
住寶蓮華池요 佛号는 開示入不可思議智이시니라

차상   과불찰미진수세계   유세계   명평
此上에 過佛刹微塵數世界하야 有世界하니 名平

탄지   불호   공덕보광명왕
坦地요 佛号는 功德寶光明王이시니라

차상   과불찰미진수세계   유세계   명향
此上에 過佛刹微塵數世界하야 有世界하니 名香

마니취   불호   무진복덕해묘장엄
摩尼聚요 佛号는 無盡福德海妙莊嚴이시니라

이 위에 부처님 세계 미진수의 세계를 지나서 세계가 있으니 이름이 대위요이고, 부처님 명호는 무변공덕해법륜음이시다.

이 위에 부처님 세계 미진수의 세계를 지나서 세계가 있으니 이름이 동안주보련화지이고, 부처님 명호는 개시입불가사의지이시다.

이 위에 부처님 세계 미진수의 세계를 지나서 세계가 있으니 이름이 평탄지이고, 부처님 명호는 공덕보광명왕이시다.

이 위에 부처님 세계 미진수의 세계를 지나서 세계가 있으니 이름이 향마니취이고, 부처님 명호는 무진복덕해묘장엄이시다.

차상   과불찰미진수세계   유세계   명미
此上에 過佛刹微塵數世界하야 有世界하니 名微

묘광명   불호   무등력보변음
妙光明이요 佛号는 無等力普徧音이시니라

차상   과불찰미진수세계   유세계   명시
此上에 過佛刹微塵數世界하야 有世界하니 名十

방보견고장엄조요   기형   팔우   의심왕마
方普堅固莊嚴照耀라 其形이 八隅며 依心王摩

니륜해주   일체보장엄장운   미부기상
尼輪海住하야 一切寶莊嚴帳雲으로 彌覆其上하니라

이십불찰미진수세계   위요   순일청정
二十佛刹微塵數世界가 圍遶하야 純一淸淨하니

불호   보안대명등
佛号는 普眼大明燈이시니라

이 위에 부처님 세계 미진수의 세계를 지나서 세계가 있으니 이름이 미묘광명이고, 부처님 명호는 무등력보변음이시다.

이 위에 부처님 세계 미진수의 세계를 지나서 세계가 있으니 이름이 시방보견고장엄조요이다. 그 형상은 팔모이고, 심왕 마니륜바다를 의지하여 머무르며, 일체 보배로 장엄한 휘장 구름이 그 위를 가득 덮었다.

스무 부처님 세계 미진수의 세계가 둘러싸서 순일하게 청정하며, 부처님 명호는 보안대명등이시다.

제불자　　차보장엄향수해우선　　차유향수
諸佛子야 此寶莊嚴香水海右旋에 次有香水

해　　명금강보취　　세계종　　명법계행　　이
海하니 名金剛寶聚요 世界種은 名法界行이라 以

일체보살지방편법음성　　　위체
一切菩薩地方便法音聲으로 爲體하나라

차중최하방　　유세계　　명정광조요　　형여
此中最下方에 有世界하니 名淨光照耀라 形如

주관　　의일체보색주영해주　　보살주계
珠貫이며 依一切寶色珠瓔海住하야 菩薩珠髻

광명마니운　　이부기상
光明摩尼雲으로 而覆其上하나라

불찰미진수세계　　위요　　순일청정　　불
佛刹微塵數世界가 圍遶하야 純一淸淨하니 佛

모든 불자들이여, 이 보장엄향수해를 오른쪽으로 돌아서 다음 향수해가 있으니 이름이 금강보취이다.

세계종은 이름이 법계행이며, 일체 보살 지위의 방편법 음성으로 체성이 되었다.

이 가운데 가장 아래쪽에 세계가 있으니 이름이 정광조요이다. 형상은 구슬꾸러미와 같고, 일체 보배색 구슬 영락바다를 의지하여 머무르며, 보살의 진주 상투 광명 마니구름이 그 위를 덮었다.

부처님 세계 미진수의 세계가 둘러싸서 순일

호 최승공덕광
号는 最勝功德光이시니라

차상 과불찰미진수세계 유세계 명묘
此上에 過佛刹微塵數世界하야 有世界하니 名妙

개 불호 법자재혜
蓋요 佛号는 法自在慧이시니라

차상 과불찰미진수세계 유세계 명보
此上에 過佛刹微塵數世界하야 有世界하니 名寶

장엄사자좌 불호 대용연
莊嚴師子座요 佛号는 大龍淵이시니라

차상 과불찰미진수세계 유세계 명출
此上에 過佛刹微塵數世界하야 有世界하니 名出

현금강좌 불호 승사자좌연화대
現金剛座요 佛号는 昇師子座蓮華臺이시니라

하게 청정하며, 부처님 명호는 최승공덕광이시다.

이 위에 부처님 세계 미진수의 세계를 지나서 세계가 있으니 이름이 묘개이고, 부처님 명호는 법자재혜이시다.

이 위에 부처님 세계 미진수의 세계를 지나서 세계가 있으니 이름이 보장엄사자좌이고, 부처님 명호는 대용연이시다.

이 위에 부처님 세계 미진수의 세계를 지나서 세계가 있으니 이름이 출현금강좌이고, 부처님 명호는 승사자좌연화대이시다.

차상　　과불찰미진수세계　　유세계　　명연
此上에 過佛刹微塵數世界하야 有世界하니 名蓮

화승음　　불호　　지광보개오
華勝音이요 佛号는 智光普開悟이시니라

차상　　과불찰미진수세계　　유세계　　명선
此上에 過佛刹微塵數世界하야 有世界하니 名善

관습　　불호　　지지묘광왕
慣習이요 佛号는 持地妙光王이시니라

차상　　과불찰미진수세계　　유세계　　명희
此上에 過佛刹微塵數世界하야 有世界하니 名喜

락음　　불호　　법등왕
樂音이요 佛号는 法燈王이시니라

차상　　과불찰미진수세계　　유세계　　명마
此上에 過佛刹微塵數世界하야 有世界하니 名摩

니장인다라망　　불호　　불공견
尼藏因陀羅網이요 佛号는 不空見이시니라

이 위에 부처님 세계 미진수의 세계를 지나서 세계가 있으니 이름이 연화승음이고, 부처님 명호는 지광보개오이시다.

이 위에 부처님 세계 미진수의 세계를 지나서 세계가 있으니 이름이 선관습이고, 부처님 명호는 지지묘광왕이시다.

이 위에 부처님 세계 미진수의 세계를 지나서 세계가 있으니 이름이 희락음이고, 부처님 명호는 법등왕이시다.

이 위에 부처님 세계 미진수의 세계를 지나서 세계가 있으니 이름이 마니장인다라망이고, 부처님 명호는 불공견이시다.

차상　　과불찰미진수세계　　　　유세계　　　명중
此上에 過佛刹微塵數世界하야 有世界하니 名衆

묘지장　　　불호　　염신당
妙地藏이요 佛号는 燄身幢이시니라

차상　　과불찰미진수세계　　　　유세계　　　명금
此上에 過佛刹微塵數世界하야 有世界하니 名金

광륜　　　불호　　정치중생행
光輪이요 佛号는 淨治衆生行이시니라

차상　　과불찰미진수세계　　　　유세계　　　명수
此上에 過佛刹微塵數世界하야 有世界하니 名須

미산장엄　　　불호　　일체공덕운보조
彌山莊嚴이요 佛号는 一切功德雲普照이시니라

차상　　과불찰미진수세계　　　　유세계　　　명중
此上에 過佛刹微塵數世界하야 有世界하니 名衆

수형　　　불호　　보화상정월각
樹形이요 佛号는 寶華相淨月覺이시니라

이 위에 부처님 세계 미진수의 세계를 지나서 세계가 있으니 이름이 중묘지장이고, 부처님 명호는 염신당이시다.

이 위에 부처님 세계 미진수의 세계를 지나서 세계가 있으니 이름이 금광륜이고, 부처님 명호는 정치중생행이시다.

이 위에 부처님 세계 미진수의 세계를 지나서 세계가 있으니 이름이 수미산장엄이고, 부처님 명호는 일체공덕운보조이시다.

이 위에 부처님 세계 미진수의 세계를 지나서 세계가 있으니 이름이 중수형이고, 부처님 명호는 보화상정월각이시다.

차상　　 과불찰미진수세계　　 유세계　　 명무
此上에 過佛刹微塵數世界하야 有世界하니 名無

포외　 불호　 최승금광거
怖畏요 佛号는 最勝金光炬이시니라

차상　　 과불찰미진수세계　　 유세계　　 명대
此上에 過佛刹微塵數世界하야 有世界하니 名大

명칭용왕당　　 불호　 관등일체법
名稱龍王幢이요 佛号는 觀等一切法이시니라

차상　　 과불찰미진수세계　　 유세계　　 명시
此上에 過佛刹微塵數世界하야 有世界하니 名示

현마니색　　 불호　 변화일
現摩尼色이요 佛号는 變化日이시니라

차상　　 과불찰미진수세계　　 유세계　　 명광
此上에 過佛刹微塵數世界하야 有世界하니 名光

염등장엄　　 불호　 보개광변조
燄燈莊嚴이요 佛号는 寶蓋光徧照이시니라

이 위에 부처님 세계 미진수의 세계를 지나서 세계가 있으니 이름이 무포외이고, 부처님 명호는 최승금광거이시다.

이 위에 부처님 세계 미진수의 세계를 지나서 세계가 있으니 이름이 대명칭용왕당이고, 부처님 명호는 관등일체법이시다.

이 위에 부처님 세계 미진수의 세계를 지나서 세계가 있으니 이름이 시현마니색이고, 부처님 명호는 변화일이시다.

이 위에 부처님 세계 미진수의 세계를 지나서 세계가 있으니 이름이 광염등장엄이고, 부처님 명호는 보개광변조이시다.

차상 과불찰미진수세계 유세계 명향
此上에 過佛刹微塵數世界하야 有世界하니 名香

광운 불호 사유혜
光雲이요 佛号는 思惟慧이시니라

차상 과불찰미진수세계 유세계 명무
此上에 過佛刹微塵數世界하야 有世界하니 名無

원수 불호 정진승혜해
怨讎요 佛号는 精進勝慧海이시니라

차상 과불찰미진수세계 유세계 명일
此上에 過佛刹微塵數世界하야 有世界하니 名一

체장엄구광명당 불호 보현열의연화자
切莊嚴具光明幢이요 佛号는 普現悅意蓮華自

재 왕
在王이시니라

이 위에 부처님 세계 미진수의 세계를 지나서 세계가 있으니 이름이 향광운이고, 부처님 명호는 사유혜이시다.

이 위에 부처님 세계 미진수의 세계를 지나서 세계가 있으니 이름이 무원수이고, 부처님 명호는 정진승혜해이시다.

이 위에 부처님 세계 미진수의 세계를 지나서 세계가 있으니 이름이 일체장엄구광명당이고, 부처님 명호는 보현열의연화자재왕이시다.

차상 과불찰미진수세계   유세계   명호
此上에 過佛刹微塵數世界하야 有世界하니 名毫

상장엄   형여반월   의수미산마니화해주
相莊嚴이라 形如半月이며 依須彌山摩尼華海住하야

일체장엄치성광마니왕운   미부기상
一切莊嚴熾盛光摩尼王雲으로 彌覆其上하니라

이십불찰미진수세계   위요   순일청정
二十佛刹微塵數世界가 圍遶하야 純一淸淨하니

불호   청정안
佛号는 淸淨眼이시니라

제불자   차금강보취향수해우선   차유향
諸佛子야 此金剛寶聚香水海右旋에 次有香

수해   명천성보첩   세계종   명등염광
水海하니 名天城寶堞이요 世界種은 名燈燄光

이 위에 부처님 세계 미진수의 세계를 지나서 세계가 있으니 이름이 호상장엄이다. 형상은 반달과 같고, 수미산 마니꽃바다를 의지하여 머무르며, 일체 장엄이 치성한 광명 마니왕 구름이 그 위를 가득 덮었다.

　스무 부처님 세계 미진수의 세계가 둘러싸서 순일하게 청정하며, 부처님 명호는 청정안이시다.

　모든 불자들이여, 이 금강보취 향수해를 오른쪽으로 돌아서 다음 향수해가 있으니 이름이 천성보첩이다.

明이라 以普示一切平等法輪音으로 爲體하니라

此中最下方에 有世界하니 名寶月光燄輪이라 形如一切莊嚴具며 依一切寶莊嚴華海住하야 瑠璃色師子座雲으로 而覆其上하니라

佛刹微塵數世界가 圍遶하야 純一淸淨하니 佛号는 日月自在光이시니라

此上에 過佛刹微塵數世界하야 有世界하니 名須

세계종은 이름이 등염광명이며, 일체를 널리 보이는 평등한 법륜음성으로 체성이 되었다.

이 가운데 가장 아래쪽에 세계가 있으니 이름이 보월광염륜이다. 형상은 일체 장엄구와 같고, 일체 보배로 장엄한 꽃바다를 의지하여 머무르며, 유리색 사자좌구름이 그 위를 덮었다. 부처님 세계 미진수의 세계가 둘러싸서 순일하게 청정하며, 부처님 명호는 일월자재광이시다.

이 위에 부처님 세계 미진수의 세계를 지나서 세계가 있으니 이름이 수미보광이고, 부처

미보광　　　불호　무진법보당
彌寶光이요 佛号는 無盡法寶幢이시니라

차상　　과불찰미진수세계　　유세계　　명중
此上에 過佛刹微塵數世界하야 有世界하니 名衆

묘광명당　　　불호　대화취
妙光明幢이요 佛号는 大華聚이시니라

차상　　과불찰미진수세계　　유세계　　명마
此上에 過佛刹微塵數世界하야 有世界하니 名摩

니광명화　　불호　인중최자재
尼光明華요 佛号는 人中最自在이시니라

차상　　과불찰미진수세계　　유세계　　명보
此上에 過佛刹微塵數世界하야 有世界하니 名普

음　　불호　일체지변조
音이요 佛号는 一切智徧照이시니라

차상　　과불찰미진수세계　　유세계　　명대
此上에 過佛刹微塵數世界하야 有世界하니 名大

님 명호는 무진법보당이시다.

이 위에 부처님 세계 미진수의 세계를 지나서 세계가 있으니 이름이 중묘광명당이고, 부처님 명호는 대화취이시다.

이 위에 부처님 세계 미진수의 세계를 지나서 세계가 있으니 이름이 마니광명화이고, 부처님 명호는 인중최자재이시다.

이 위에 부처님 세계 미진수의 세계를 지나서 세계가 있으니 이름이 보음이고, 부처님 명호는 일체지변조이시다.

이 위에 부처님 세계 미진수의 세계를 지나서 세계가 있으니 이름이 대수긴나라음이고,

수긴나라음　　　불호　무량복덕자재용
樹緊那羅音이요 佛号는 無量福德自在龍이시니라

차상　과불찰미진수세계　　유세계　　명무
此上에 過佛刹微塵數世界하야 有世界하니 名無

변정광명　　　불호　공덕보화광
邊淨光明이요 佛号는 功德寶華光이시니라

차상　과불찰미진수세계　　유세계　　명최
此上에 過佛刹微塵數世界하야 有世界하니 名最

승음　　불호　일체지장엄
勝音이요 佛号는 一切智莊嚴이시니라

차상　과불찰미진수세계　　유세계　　명중
此上에 過佛刹微塵數世界하야 有世界하니 名衆

보간식　　　불호　보염수미산
寶閒飾이요 佛号는 寶焰須彌山이시니라

차상　과불찰미진수세계　　유세계　　명청
此上에 過佛刹微塵數世界하야 有世界하니 名清

부처님 명호는 무량복덕자재용이시다.

이 위에 부처님 세계 미진수의 세계를 지나서 세계가 있으니 이름이 무변정광명이고, 부처님 명호는 공덕보화광이시다.

이 위에 부처님 세계 미진수의 세계를 지나서 세계가 있으니 이름이 최승음이고, 부처님 명호는 일체지장엄이시다.

이 위에 부처님 세계 미진수의 세계를 지나서 세계가 있으니 이름이 중보간식이고, 부처님 명호는 보염수미산이시다.

이 위에 부처님 세계 미진수의 세계를 지나서 세계가 있으니 이름이 청정수미음이고, 부

정수미음　불호　출현일체행광명
淨須彌音이요 佛号는 出現一切行光明이시니라

차상　　과불찰미진수세계　　유세계　　명향
此上에 過佛刹微塵數世界하야 有世界하니 名香

수개　불호　일체바라밀무애해
水蓋요 佛号는 一切波羅蜜無礙海이시니라

차상　　과불찰미진수세계　　유세계　　명사
此上에 過佛刹微塵數世界하야 有世界하니 名師

자화망　　불호　　보염당
子華網이요 佛号는 寶燄幢이시니라

차상　　과불찰미진수세계　　유세계　　명금
此上에 過佛刹微塵數世界하야 有世界하니 名金

강묘화등　　불호　　일체대원광
剛妙華燈이요 佛号는 一切大願光이시니라

차상　　과불찰미진수세계　　유세계　　명일
此上에 過佛刹微塵數世界하야 有世界하니 名一

처님 명호는 출현일체행광명이시다.

이 위에 부처님 세계 미진수의 세계를 지나서 세계가 있으니 이름이 향수개이고, 부처님 명호는 일체바라밀무애해이시다.

이 위에 부처님 세계 미진수의 세계를 지나서 세계가 있으니 이름이 사자화망이고, 부처님 명호는 보염당이시다.

이 위에 부처님 세계 미진수의 세계를 지나서 세계가 있으니 이름이 금강묘화등이고, 부처님 명호는 일체대원광이시다.

이 위에 부처님 세계 미진수의 세계를 지나서 세계가 있으니 이름이 일체법광명지이고,

切法光明地요 佛号는 一切法廣大眞實義이시니라

此上에 過佛刹微塵數世界하야 有世界하니 名眞
珠末平坦莊嚴이요 佛号는 勝慧光明網이시니라

此上에 過佛刹微塵數世界하야 有世界하니 名瑠
璃華요 佛号는 寶積幢이시니라

此上에 過佛刹微塵數世界하야 有世界하니 名無
量妙光輪이요 佛号는 大威力智海藏이시니라

此上에 過佛刹微塵數世界하야 有世界하니 名明

부처님 명호는 일체법광대진실의이시다.

이 위에 부처님 세계 미진수의 세계를 지나서 세계가 있으니 이름이 진주말평탄장엄이고, 부처님 명호는 승혜광명망이시다.

이 위에 부처님 세계 미진수의 세계를 지나서 세계가 있으니 이름이 유리화이고, 부처님 명호는 보적당이시다.

이 위에 부처님 세계 미진수의 세계를 지나서 세계가 있으니 이름이 무량묘광륜이고, 부처님 명호는 대위력지해장이시다.

이 위에 부처님 세계 미진수의 세계를 지나서 세계가 있으니 이름이 명견시방이고, 부처

견시방　　　불호　　정수일체공덕당
見十方이요 **佛号**는 **淨修一切功德幢**이시니라

차상　　과불찰미진수세계　　유세계　　명가
此上에 **過佛刹微塵數世界**하야 **有世界**하니 **名可**

애락범음　　　형여불수　　의보광망해주
愛樂梵音이라 **形如佛手**며 **依寶光網海住**하야

보살신일체장엄운　　　미부기상
菩薩身一切莊嚴雲으로 **彌覆其上**하니라

이십불찰미진수세계　　위요　　순일청정
二十佛刹微塵數世界가 **圍遶**하야 **純一淸淨**하니

불호　보조법계무애광
佛号는 **普照法界無礙光**이시니라

〈大方廣佛華嚴經 卷第九〉

님 명호는 정수일체공덕당이시다.

이 위에 부처님 세계 미진수의 세계를 지나서 세계가 있으니 이름이 가애락범음이다. 형상은 부처님 손과 같고, 보배 광명 그물바다를 의지하여 머무르며, 보살 몸의 일체 장엄구름이 그 위를 가득 덮었다.

스무 부처님 세계 미진수의 세계가 둘러싸서 순일하게 청정하며, 부처님 명호는 보조법계무애광이시다."

〈대방광불화엄경 제9권〉

大方廣佛華嚴經 ─ 부록

- 대방광불화엄경 목차
- 간행사

대방광불화엄경
목차

〈제1회〉

제1권	제1품	세주묘엄품 [1]
제2권	제1품	세주묘엄품 [2]
제3권	제1품	세주묘엄품 [3]
제4권	제1품	세주묘엄품 [4]
제5권	제1품	세주묘엄품 [5]
제6권	제2품	여래현상품
제7권	제3품	보현삼매품
	제4품	세계성취품
제8권	제5품	화장세계품 [1]
제9권	**제5품**	**화장세계품 [2]**
제10권	제5품	화장세계품 [3]
제11권	제6품	비로자나품

〈제2회〉

제12권	제7품	여래명호품
	제8품	사성제품
제13권	제9품	광명각품
	제10품	보살문명품
제14권	제11품	정행품
	제12품	현수품 [1]
제15권	제12품	현수품 [2]

〈제3회〉

제16권	제13품	승수미산정품
	제14품	수미정상게찬품
	제15품	십주품
제17권	제16품	범행품
	제17품	초발심공덕품
제18권	제18품	명법품

〈제4회〉

제19권 제19품 승야마천궁품

　　　　제20품 야마궁중게찬품

　　　　제21품 십행품 [1]

제20권 제21품 십행품 [2]

제21권 제22품 십무진장품

〈제5회〉

제22권 제23품 승도솔천궁품

제23권 제24품 도솔궁중게찬품

　　　　제25품 십회향품 [1]

제24권 제25품 십회향품 [2]

제25권 제25품 십회향품 [3]

제26권 제25품 십회향품 [4]

제27권 제25품 십회향품 [5]

제28권 제25품 십회향품 [6]

제29권 제25품 십회향품 [7]

제30권 제25품 십회향품 [8]

제31권 제25품 십회향품 [9]

제32권 제25품 십회향품 [10]

제33권 제25품 십회향품 [11]

〈제6회〉

제34권 제26품 십지품 [1]

제35권 제26품 십지품 [2]

제36권 제26품 십지품 [3]

제37권 제26품 십지품 [4]

제38권 제26품 십지품 [5]

제39권 제26품 십지품 [6]

〈제7회〉

제40권 제27품 십정품 [1]

제41권 제27품 십정품 [2]

제42권 제27품 십정품 [3]

제43권 제27품 십정품 [4]

제44권 제28품 십통품

　　　　제29품 십인품

제45권 제30품 아승지품

　　　　제31품 수량품

　　　　제32품 제보살주처품

제46권 제33품 불부사의법품 [1]

제47권 제33품 불부사의법품 [2]

제48권　제34품　여래십신상해품
　　　　　제35품　여래수호광명공덕품
제49권　제36품　보현행품
제50권　제37품　여래출현품 [1]
제51권　제37품　여래출현품 [2]
제52권　제37품　여래출현품 [3]

〈제8회〉
제53권　제38품　이세간품 [1]
제54권　제38품　이세간품 [2]
제55권　제38품　이세간품 [3]
제56권　제38품　이세간품 [4]
제57권　제38품　이세간품 [5]
제58권　제38품　이세간품 [6]
제59권　제38품　이세간품 [7]

〈제9회〉
제60권　제39품　입법계품 [1]
제61권　제39품　입법계품 [2]
제62권　제39품　입법계품 [3]

제63권　제39품　입법계품 [4]
제64권　제39품　입법계품 [5]
제65권　제39품　입법계품 [6]
제66권　제39품　입법계품 [7]
제67권　제39품　입법계품 [8]
제68권　제39품　입법계품 [9]
제69권　제39품　입법계품 [10]
제70권　제39품　입법계품 [11]
제71권　제39품　입법계품 [12]
제72권　제39품　입법계품 [13]
제73권　제39품　입법계품 [14]
제74권　제39품　입법계품 [15]
제75권　제39품　입법계품 [16]
제76권　제39품　입법계품 [17]
제77권　제39품　입법계품 [18]
제78권　제39품　입법계품 [19]
제79권　제39품　입법계품 [20]
제80권　제39품　입법계품 [21]

간 행 사

귀의삼보 하옵고,

『대방광불화엄경』의 수지 독송과 유통을 발원하면서 수미정사 불전연구원에서 『독송본 한문·한글역 대방광불화엄경』과 『사경본 한글역 대방광불화엄경』을 편찬하여 간행하게 되었습니다.

『화엄경』은 우리나라에 전래된 이래 일찍부터 사경되고 주석·강설되어 왔으며 근현대에 이르러서는 『화엄경』의 한글 번역과 연구도 부쩍 많이 이루어졌습니다. 그만큼 『화엄경』이 우리 불자님들의 신행과 해탈에 큰 의지처가 되었던 것임을 알 수 있습니다.

『화엄경』을 독송하고 사경하는 공덕은 설법 공덕과 함께 크게 강조되어 왔습니다. 그리하여 수미정사 불전연구원에서도 『화엄경』(80권)을 독송하고 사경하는 데 도움이 되도록 한문 원문과 한글역을 함께 수록한 독송본과 한글역의 사경본 『화엄경』 간행불사를 발원하였습니다. 이 『화엄경』 간행불사에 뜻을 같이하여 적극 후원해주신 스님들과 재가 불자님들께 깊이 감사드립니다. 또한 『화엄경』을 수지 독송할 수 있도록 경책의 모습으로 장엄해 주신 편집위원들과 담앤북스 출판사 관계자들께도 고마움을 표합니다.

끝으로 이 불사의 원만 회향으로 『화엄경』이 널리 유통되고, 온 법계에 부처님의 가피가 충만하시길 기원드립니다.

나무 대방광불화엄경

불기 2564년 '부처님오신날'을 봉축하며
수미해주 합장

위태천신(동진보살)

수미해주 須彌海住

동국대학교 명예교수
중앙승가대학교 법인이사
대한불교조계종 수미정사 주지

독송본 한문·한글역
대방광불화엄경 제9권

| 초판 1쇄 발행_ 2021년 1월 24일

| 엮은이_ 수미해주
| 엮은곳_ 수미정사 불전연구원
| 편집위원_ 해주 수정 경진 선초 정천 석도 박보람 최원섭
| 편집보_ 동건 무이 무진 김지예

| 펴낸이_ 오세룡
| 펴낸곳_ 담앤북스
  서울특별시 종로구 새문안로3길 23 경희궁의 아침 4단지 805호
  대표전화 02)765-1251 전자우편 damnbooks@hanmail.net
  출판등록 제300 2011 115호
| ISBN_ 979-11-6201-268-0 04220

이 책은 저작권 법에 따라 보호받는 저작물이므로 무단전재와 복제를 금합니다.
이 책 내용의 전부 또는 일부를 이용하려면 반드시 저작권자와 담앤북스의 서면 동의를 받아야 합니다.

정가 15,000원
ⓒ 수미해주 2021